Introduzione

Quella che hai fra le mani è una copia del *Vangelo di Giovanni*. Il testo è attribuito a Giovanni, figlio di Zebedeo, uno dei discepoli di Gesù e fu redatto intorno alla fine del I sec. d.C. Questo Vangelo completa gli altri tre (Matteo, Marco e Luca). Il *Vangelo di Giovanni* narra, come gli altri Vangeli, avvenimenti della vita di Gesù, a partire dall'incontro con Giovanni il battista fino agli ultimi incontri con i discepoli dopo la sua risurrezione. Il testo del Vangelo è articolato in due parti: dalla testimonianza di Giovanni il battista agli episodi successivi alla risurrezione di Lazzaro (1:19–12:50) e poi dall'ultima cena alle apparizioni del Cristo risorto ai discepoli (13:1–21:25). Questo Vangelo contiene alcuni episodi non riportati dagli altri Vangeli, quali ad esempio: la trasformazione dell'acqua in vino alle nozze di Cana (2:1-11); l'incontro con Nicodemo (3:1-21); l'incontro con la donna samaritana (4:1-30); la guarigione del figlio dell'ufficiale del re (4:46-54); la guarigione del paralitico a Betesda (5:1-15); l'adultera (8:1-11); la guarigione dell'uomo cieco fin dalla nascita (9:1-12); la risurrezione di Lazzaro (11:1-46); la pesca miracolosa dopo la risurrezione (21:6-11).

Il *Vangelo di Giovanni* è solo una porzione della Bibbia, la Parola di Dio; è infatti uno dei 27 libri di cui si compone il Nuovo Testamento.
Il testo del Nuovo Testamento è il documento dell'antichità con il maggior numero di attestazioni, (oltre 5.000 manoscritti greci, 8.000 manoscritti latini e 1.000 manoscritti in altre lingue). Il confronto tra questi numerosi manoscritti ha consentito una ricostruzione del testo fedele all'originale.
La versione *Nuova Riveduta* del *Vangelo di Giovanni*, che qui vi proponiamo, ha voluto raccogliere la sfida di rimanere fedele al testo originale (traduzione letterale), utilizzando tuttavia un linguaggio comprensibile al lettore moderno. La realizzazione

di questa versione è stata affidata a un'équipe interdisciplinare, nel massimo rispetto del testo originale al fine di realizzare una traduzione sempre più fedele al medesimo.

Questo Vangelo è il dono che Dio ti recapita affinché tu possa scoprire la sua volontà per la tua vita. Esso indica chiaramente come incontrare Dio. Dal momento stesso in cui inizierai a leggerlo ti renderai conto del suo valore e, continuando nella lettura, scoprirai in maniera più profonda la persona e l'opera salvifica del Cristo.

Schema del Vangelo:
Prologo: la Parola eterna incarnata nel Figlio di Dio (1:1-18)
Testimonianza di Giovanni il battista (1:19-39)
Ministero pubblico di Gesù. Il Figlio di Dio manifesta la sua potenza (1:40–12:50)
Il Figlio di Dio manifesta il suo amore (13:1–17:26)
Passione, morte e risurrezione di Gesù (18:1–20:31)
Epilogo: ultime apparizioni di Gesù (21:1-25)

Prologo

1 Nel principio era la Parola[a], la Parola era con Dio, e la
Parola era Dio. 2 Essa era nel principio con Dio. 3 Ogni
cosa è stata fatta per mezzo di lei, e senza di lei neppure una
delle cose fatte è stata fatta. 4 In lei era la vita, e la vita era la
luce degli uomini. 5 La luce splende nelle tenebre, e le tenebre
non l'hanno sopraffatta.
6 Vi fu un uomo mandato da Dio, il cui nome era Giovanni[b];
7 egli venne come testimone per rendere testimonianza alla
luce, affinché tutti credessero per mezzo di lui. 8 Egli stesso non
era la luce, ma venne per rendere testimonianza alla luce. 9 La
vera luce che illumina ogni uomo stava venendo nel mondo.
10 Egli era nel mondo, e il mon-
do fu fatto per mezzo di lui, ma
il mondo non l'ha conosciuto.
11 È venuto in casa sua, e i suoi
non l'hanno ricevuto; 12 ma a
tutti quelli che l'hanno ricevuto
egli ha dato il diritto di diventa-
re figli di Dio, a quelli cioè che
credono nel suo nome, 13 i quali
non sono nati da sangue, né da
volontà di carne, né da volontà d'uomo, ma sono nati da Dio.
14 E la Parola è diventata carne e ha abitato per un tempo fra di
noi, piena di grazia e di verità; e noi abbiamo contemplato la
sua gloria, gloria come di unigenito dal Padre.
15 Giovanni gli ha reso testimonianza, esclamando: «Era di lui
che io dicevo: "Colui che viene dopo di me mi ha preceduto,
perché era prima di me". 16 Infatti dalla sua pienezza noi tutti
abbiamo ricevuto grazia su grazia». 17 Poiché la legge è stata
data per mezzo di Mosè; la grazia e la verità sono venute per
mezzo di Gesù Cristo. 18 Nessuno ha mai visto Dio; l'unige-

« ...ma a tutti quelli che l'hanno ricevuto egli ha dato il diritto di diventare figli di Dio, a quelli cioè che credono nel suo nome... (1:12)

a *La Parola,* cioè Gesù Cristo.
b *Giovanni,* cioè Giovanni il battista (così in tutto il Vangelo).

nito Dio, che è nel seno del Padre, è quello che l'ha fatto
conoscere.

Testimonianza di Giovanni il battista

19 Questa è la testimonianza di Giovanni, quando i Giudei
mandarono da Gerusalemme
dei sacerdoti e dei Leviti per
domandargli: «Tu chi sei?»
20 Egli confessò e non negò;
confessò dicendo: «Io non
sono il Cristo[a]».
21 Essi gli domandarono: «Chi
sei dunque? Sei Elia?» Egli ri-
spose: «Non lo sono». «Sei tu
il profeta?» Egli rispose: «No».

> Nessuno ha mai visto Dio; l'unigenito Dio, che è nel seno del Padre, è quello che l'ha fatto conoscere. (1:18)

22 Essi dunque gli dissero: «Chi sei? affinché diamo una risposta
a quelli che ci hanno mandati. Che dici di te stesso?» 23 Egli dis-
se: «Io sono la voce di uno che grida nel deserto: *"Raddrizzate
la via del Signore"*[b], come ha detto il profeta Isaia». 24 Essi erano
stati mandati da parte dei farisei[c]. 25 Lo interrogarono e gli dis-
sero: «Perché dunque battezzi, se tu non sei il Cristo, né Elia,
né il profeta?» 26 Giovanni rispose loro, dicendo: «Io battezzo
in acqua; in mezzo a voi è presente uno che voi non conoscete,
27 colui che viene dopo di me, al quale io non sono degno di
sciogliere il legaccio dei calzari!»
28 Queste cose avvennero in Betania[d] di là dal Giordano, dove
Giovanni stava battezzando.
29 Il giorno seguente Giovanni vide Gesù che veniva verso di

---

a *Cristo,* gr. *Christós,* lett. *unto,* termine di derivazione greca che corrisponde alla parola ebr. tradotta con *Messia.* I Giudei, in base alle promesse contenute nell'Antico Testamento, attendevano l'avvento di un Messia che doveva portare loro la liberazione.

b *La voce... via del Signore,* citazione di Isaia 40:3.

c *Farisei,* membri di un movimento religioso e politico giudaico la cui rigida osservanza delle tradizioni ebraiche aveva prodotto una religione ipocrita e formalista.

d *Betania,* da non confondere con Betania che è vicino a Gerusalemme.

lui e disse: «Ecco l'Agnello[a] di Dio, che toglie il peccato del
mondo! 30 Questi è colui del quale dicevo: "Dopo di me viene
un uomo che mi ha preceduto, perché egli era prima di me".
31 Io non lo conoscevo; ma appunto perché egli sia manifestato
a Israele, io sono venuto a battezzare in acqua». 32 Giovanni
rese testimonianza, dicendo: «Ho visto lo Spirito scendere dal
cielo come una colomba e fermarsi su di lui. 33 Io non lo cono-
scevo, ma colui che mi ha mandato a battezzare in acqua mi ha
detto: "Colui sul quale vedrai lo Spirito scendere e fermarsi, è
quello che battezza con lo Spirito Santo". 34 E io ho veduto e
ho attestato che questi è il Figlio di Dio».
35 Il giorno seguente Giovanni
era di nuovo là con due dei
suoi discepoli; 36 e fissando lo
sguardo su Gesù, che passava,
disse: «Ecco l'Agnello di Dio!»
37 I suoi due discepoli, avendolo
udito parlare, seguirono Gesù.
38 Gesù, voltatosi, e osservan-
do che lo seguivano, domandò
loro: «Che cercate?» Ed essi gli
dissero: «Rabbì (che tradotto
vuol dire "Maestro"), dove abi-
ti?» 39 Egli rispose loro: «Venite
e vedrete». Essi dunque an-
darono, videro dove abitava e
stettero con lui quel giorno. Era circa la decima ora[b].

io ti cerco

**E non mi è difficile trovarti sai?
Anche se ti sei nascosto o ti sei perso,
io sono in una posizione da cui posso
vedere non solo tutti i tuoi movimenti,
ma anche quello che stai provando:
gioia, solitudine, abbandono o angoscia.
Voglio amarti e aiutarti a superare
le difficoltà e le sofferenze, perché,
malgrado quello che dicono gli studiosi,
gli atei o gli scettici, io sono l'unica
chiave che può aprire, liberare e guarire
le profondità della tua anima.
Non nasconderti più!**

I primi discepoli

40 Andrea, fratello di Simon Pietro, era uno dei due che avevano
udito Giovanni e avevano seguito Gesù. 41 Egli per primo trovò

a *L'Agnello,* animale che veniva offerto in vari tipi di sacrifici, in modo particolare in occasione della Pasqua.
b *La decima ora,* cioè le quattro del pomeriggio.

suo fratello Simone e gli disse: «Abbiamo trovato il Messia[a]»
(che tradotto vuol dire «Cristo»); 42 e lo condusse da Gesù.
Gesù lo guardò e disse: «Tu sei Simone, il figlio di Giovanni; tu
sarai chiamato Cefa» (che si traduce «Pietro»).
43 Il giorno seguente, Gesù volle partire per la Galilea; trovò
Filippo e gli disse: «Seguimi». 44 Filippo era di Betsàida, della
città di Andrea e di Pietro.
45 Filippo trovò Natanaele e gli disse: «Abbiamo trovato colui
del quale hanno scritto Mosè nella legge e i profeti: Gesù da
Nazaret, figlio di Giuseppe». 46 Natanaele gli disse: «Può for-
se venire qualcosa di buono da Nazaret?» Filippo gli rispose:
«Vieni a vedere». 47 Gesù vide Natanaele che gli veniva incon-
tro e disse di lui: «Ecco un vero Israelita in cui non c'è falsità».
48 Natanaele gli chiese: «Da che cosa mi conosci?» Gesù gli
rispose: «Prima che Filippo ti chiamasse, quando eri sotto il
fico, io ti ho visto». 49 Natanaele gli rispose: «Rabbì, tu sei il
Figlio di Dio, tu sei il re d'Israele». 50 Gesù rispose e gli disse:
«Perché ti ho detto che ti avevo visto sotto il fico, tu credi? Tu
vedrai cose maggiori di queste». 51 Poi gli disse: «In verità, in
verità vi dico che vedrete il cielo aperto e gli angeli di Dio salire
e scendere sul Figlio dell'uomo[b]».

Primo miracolo a Cana di Galilea

2 Tre giorni dopo ci fu un matrimonio in Cana di Galilea, e
la madre di Gesù era là. 2 Anche Gesù fu invitato con i suoi
discepoli al matrimonio. 3 Venuto a mancare il vino, la madre di
Gesù gli disse: «Non hanno più vino». 4 Gesù le disse: «Che c'è
fra me e te, o donna? L'ora mia non è ancora venuta». 5 Sua madre
disse ai servitori: «Fate tutto quel che vi dirà». 6 C'erano là sei reci-
pienti di pietra, del tipo adoperato per la purificazione dei Giudei,
i quali contenevano ciascuno due o tre misure[c]. 7 Gesù disse loro:

a *Il Messia,* cioè *l'Unto* (vd. nota a 1:20).
b *Figlio dell'uomo,* espressione con la quale Gesù spesso designava se stesso, con un probabile riferimento a Daniele 7:13.
c *Misure,* una misura (gr. *metrêtès*) corrispondeva a poco più di 39 litri.

«Riempite d'acqua i recipienti». Ed essi li riempirono fino all'orlo.
8 Poi disse loro: «Adesso attingete e portatene al maestro di tavo-
la». Ed essi gliene portarono. 9 Quando il maestro di tavola ebbe
assaggiato l'acqua che era diventata vino (egli non ne conosceva la
provenienza, ma la sapevano bene i servitori che avevano attinto
l'acqua), chiamò lo sposo e gli disse: 10 «Ognuno serve prima il
vino buono, e quando si è bevuto abbondantemente, il meno buo-
no; tu, invece, hai tenuto il vino buono fino ad ora».
11 Gesù fece questo primo dei suoi segni miracolosi in Cana di
Galilea, e manifestò la sua gloria, e i suoi discepoli credettero
in lui.
12 Dopo questo, scese a Capernaum egli con sua madre, con i
suoi fratelli e i suoi discepoli, e rimasero là alcuni giorni.

Gesù nel tempio

13 La Pasqua dei Giudei era vicina, e Gesù salì a Gerusalemme.
14 Trovò nel tempio quelli che vendevano buoi, pecore, colombi,
e i cambiavalute seduti. 15 Fatta una sferza di cordicelle, scacciò
tutti fuori dal tempio, pecore e buoi; sparpagliò il denaro dei
cambiavalute, rovesciò le tavole, 16 e a quelli che vendevano i
colombi disse: «Portate via di qui queste cose; smettete di fare
della casa del Padre mio una casa di mercato». 17 E i suoi disce-
poli si ricordarono che sta scritto: *«Lo zelo per la tua casa mi
consuma»*[a].
18 I Giudei allora presero a dirgli: «Quale segno miracoloso ci
mostri per fare queste cose?» 19 Gesù rispose loro: «Distruggete
questo tempio, e in tre giorni lo farò risorgere!» 20 Allora i Giudei
dissero: «Quarantasei anni è durata la costruzione di questo tem-
pio e tu lo faresti risorgere in tre giorni?» 21 Ma egli parlava del
tempio del suo corpo. 22 Quando dunque fu risorto dai morti, i
suoi discepoli si ricordarono che egli aveva detto questo, e credet-
tero alla Scrittura e alla parola che Gesù aveva detta.
23 Mentre egli era in Gerusalemme, alla festa di Pasqua, molti cre-

a *Lo zelo... mi consuma,* citazione del Salmo 69:9.

dettero nel suo nome vedendo i segni miracolosi che egli faceva.
24 Ma Gesù non si fidava di loro, perché conosceva tutti, 25 e per-
ché non aveva bisogno della testimonianza di nessuno sull'uomo,
poiché egli stesso conosceva quello che era nell'uomo.

Gesù e Nicodemo: la nuova nascita

3 C'era tra i farisei un uomo chiamato Nicodemo, uno dei
capi dei Giudei. 2 Egli venne di notte da lui e gli disse:
«Rabbì, noi sappiamo che tu sei un dottore venuto da Dio;
perché nessuno può fare questi segni miracolosi che tu fai, se
Dio non è con lui». 3 Gesù gli rispose: «In verità, in verità ti
dico che se uno non è nato di nuovo, non può vedere il regno
di Dio». 4 Nicodemo gli disse: «Come può un uomo nascere
quando è già vecchio? Può egli entrare una seconda volta nel
grembo di sua madre e nascere?» 5 Gesù rispose: «In verità, in
verità ti dico che se uno non è nato d'acqua e di Spirito, non
può entrare nel regno di Dio. 6 Quello che è nato dalla carne è
carne, e quello che è nato dallo Spirito è spirito. 7 Non ti me-
ravigliare se ti ho detto: "Bisogna che nasciate di nuovo". 8 Il
vento soffia dove vuole, e tu ne odi il rumore, ma non sai né da
dove viene né dove va; così è di chiunque è nato dallo Spirito».
9 Nicodemo replicò e gli disse: «Come possono avvenire queste
cose?» 10 Gesù gli rispose: «Tu sei maestro d'Israele e non sai
queste cose? 11 In verità, in verità ti dico che noi parliamo di
ciò che sappiamo, e testimoniamo di ciò che abbiamo visto;
ma voi non ricevete la nostra testimonianza. 12 Se vi ho parlato
delle cose terrene e non credete, come crederete se vi parlerò
delle cose celesti? 13 Nessuno è salito in cielo, se non colui che
è disceso dal cielo: il Figlio dell'uomo.
14 E come Mosè innalzò il serpente nel deserto[a], così bisogna che
il Figlio dell'uomo sia innalzato, 15 affinché chiunque crede in

---

a *E come Mosè nel deserto,* riferimento all'episodio riportato in Numeri 21:4-9, nel quale si narra che gli Israeliti, morsi da serpenti che infestavano il loro campo, potevano essere guariti guardando un serpente di rame posto su un'asta.

lui abbia vita eterna. 16 Perché
Dio ha tanto amato il mondo,
che ha dato il suo unigenito
Figlio, affinché chiunque cre-
de in lui non perisca, ma abbia
vita eterna. 17 Infatti Dio non ha
mandato suo Figlio nel mondo
per giudicare il mondo, ma
perché il mondo sia salvato per
mezzo di lui. 18 Chi crede in lui
non è giudicato; chi non crede
è già giudicato, perché non ha

> Perché Dio ha tanto amato il mondo, che ha dato il suo unigenito Figlio, affinché chiunque crede in lui non perisca, ma abbia vita eterna. (3:16)

creduto nel nome dell'unigenito Figlio di Dio. 19 Il giudizio è
questo: la luce è venuta nel mondo, e gli uomini hanno amato
le tenebre più della luce, perché le loro opere erano malvagie.
20 Perché chiunque fa cose malvagie odia la luce e non viene
alla luce, affinché le sue opere non siano scoperte; 21 ma chi
mette in pratica la verità viene alla luce, affinché le sue opere
siano manifestate, perché sono fatte in Dio».

Nuova testimonianza di Giovanni il battista

22 Dopo queste cose, Gesù andò con i suoi discepoli nelle
campagne della Giudea; là si trattenne con loro, e battezza-
va. 23 Anche Giovanni stava battezzando a Enon, presso Salim,
perché là c'era molta acqua; e la gente veniva a farsi battezzare.
24 Giovanni, infatti, non era ancora stato messo in prigione.
25 Nacque dunque una discussione sulla purificazione, tra i di-
scepoli di Giovanni e un Giudeo. 26 E andarono da Giovanni e
gli dissero: «Rabbì, colui che era con te di là dal Giordano, e al
quale rendesti testimonianza, eccolo che battezza, e tutti vanno
da lui». 27 Giovanni rispose: «L'uomo non può ricevere nulla se
non gli è dato dal cielo. 28 Voi stessi mi siete testimoni che ho
detto: "Io non sono il Cristo, ma sono stato mandato davanti a
lui". 29 Colui che ha la sposa è lo sposo, ma l'amico dello sposo,

che è presente e lo ascolta, si rallegra vivamente alla voce dello
sposo; questa gioia, che è la mia, è ora completa. 30 Bisogna
che egli cresca e che io diminuisca. 31 Colui che viene dall'alto
è sopra tutti; colui che viene dalla terra è della terra e parla
come uno che è della terra; colui che viene dal cielo è sopra
tutti. 32 Egli rende testimonianza di quello che ha visto e udito,
ma nessuno riceve la sua testimonianza. 33 Chi ha ricevuto la
sua testimonianza ha confermato che Dio è veritiero. 34 Perché
colui che Dio ha mandato dice le parole di Dio; Dio infatti non
dà lo Spirito con misura. 35 Il Padre ama il Figlio e gli ha dato
ogni cosa in mano. 36 Chi crede nel Figlio ha vita eterna; chi
invece rifiuta di credere al Figlio non vedrà la vita, ma l'ira di
Dio rimane su di lui».

Gesù e la donna samaritana

4 Quando dunque Gesù seppe che i farisei avevano udito
che egli faceva e battezzava più discepoli di Giovanni
2 (sebbene non fosse Gesù che battezzava, ma i suoi discepoli),
3 lasciò la Giudea e se ne andò
di nuovo in Galilea.
4 Ora doveva passare per la
Samaria. 5 Giunse dunque a
una città della Samaria, chiamata Sicar[a], vicina al podere
che Giacobbe aveva dato a
suo figlio Giuseppe; 6 e là c'era
la fonte di Giacobbe. Gesù
dunque, stanco del cammino,
stava così a sedere presso la
fonte. Era circa l'ora sesta[b].
7 Una donna della Samaria
venne ad attingere l'acqua. Gesù le disse: «Dammi da bere».

io ti capisco

**Chi meglio di me può capirti?
Infatti non devi dimenticare che anch'io sono stato sulla terra come uomo e, come te, ho provato la sofferenza, la gioia, la stanchezza, il bisogno di avere amicizia e amore.
Niente di diverso da quello che stai provando tu in questo momento.
Allora, se hai qualche domanda, rivolgiti pure a me e troverò un modo speciale per farti arrivare la risposta.**

a *Sicar,* nell'Antico Testamento *Sichem*; oggi *Nablus,* tra il monte Ebal e Garizim.
b *L'ora sesta,* cioè mezzogiorno.

8 (Infatti i suoi discepoli erano andati in città a comprare da
mangiare.) 9 La donna samaritana allora gli disse: «Come mai
tu che sei Giudeo chiedi da bere a me, che sono una don-
na samaritana?» Infatti i Giudei non hanno relazioni con i
Samaritani. 10 Gesù le rispose: «Se tu conoscessi il dono di Dio
e chi è che ti dice: “Dammi da bere”, tu stessa gliene avresti
chiesto, ed egli ti avrebbe dato dell’acqua viva». 11 La donna gli
disse: «Signore, tu non hai nulla per attingere, e il pozzo è pro-
fondo; da dove avresti dunque quest’acqua viva? 12 Sei tu più
grande di Giacobbe, nostro padre, che ci diede questo pozzo e
ne bevve egli stesso con i suoi figli e il suo bestiame?» 13 Gesù
le rispose: «Chiunque beve
di quest’acqua avrà di nuovo
sete; 14 ma chi beve dell’acqua
che io gli darò, non avrà mai
più sete; anzi, l’acqua che io
gli darò diventerà in lui una
fonte d’acqua che scaturisce
in vita eterna». 15 La donna
gli disse: «Signore, dammi di
quest’acqua, affinché io non
abbia più sete e non venga più
fin qui ad attingere». 16 Egli le disse: «Va’ a chiamare tuo marito
e vieni qua». 17 La donna gli rispose: «Non ho marito». E Gesù:
«Hai detto bene: “Non ho marito”, 18 perché hai avuto cinque
mariti, e quello che hai ora non è tuo marito; ciò che hai detto è
vero». 19 La donna gli disse: «Signore, vedo che tu sei un profe-
ta. 20 I nostri padri hanno adorato su questo monte[a], ma voi dite
che è a Gerusalemme il luogo dove bisogna adorare». 21 Gesù
le disse: «Donna, credimi; l’ora viene che né su questo monte
né a Gerusalemme adorerete il Padre. 22 Voi adorate quel che
non conoscete; noi adoriamo quel che conosciamo, perché la

> Ma chi beve dell’acqua che io gli darò, non avrà mai più sete; anzi, l’acqua che io gli darò diventerà in lui una fonte d’acqua che scaturisce in vita eterna. (4:14)

a *Questo monte,* il monte Sichem o monte Garizim, dove i Samaritani avevano costruito un tempio all’epoca di Neemia.

salvezza viene dai Giudei. 23 Ma l'ora viene, anzi è già venuta,
che i veri adoratori adoreranno il Padre in spirito e verità; poi-
ché il Padre cerca tali adoratori. 24 Dio è Spirito, e quelli che lo
adorano bisogna che lo adorino in spirito e verità». 25 La donna
gli disse: «Io so che il Messia (che è chiamato Cristo) deve ve-
nire; quando sarà venuto ci annuncerà ogni cosa». 26 Gesù le
disse: «Sono io, io che ti parlo!»
27 In quel mentre giunsero i suoi discepoli e si meravigliarono
che egli parlasse con una donna; eppure nessuno gli chiese:
«Che cerchi?» o: «Perché discorri con lei?» 28 La donna lasciò
dunque la sua secchia, se ne andò in città e disse alla gente:
29 «Venite a vedere un uomo
che mi ha detto tutto quello
che ho fatto; non potrebbe
essere lui il Cristo?» 30 La
gente uscì dalla città e andò
da lui.
31 Intanto i discepoli lo pre-
gavano, dicendo: «Rabbì,
mangia». 32 Ma egli dis-
se loro: «Io ho un cibo da
mangiare che voi non cono-
scete». 33 Perciò i discepoli
si dicevano gli uni gli altri:
«Forse qualcuno gli ha por-
tato da mangiare?» 34 Gesù disse loro: «Il mio cibo è fare la
volontà di colui che mi ha mandato, e compiere l'opera sua.
35 Non dite voi che ci sono ancora quattro mesi e poi vie-
ne la mietitura? Ebbene, vi dico: alzate gli occhi e guardate
le campagne come già biancheggiano per la mietitura. 36 Il
mietitore riceve una ricompensa e raccoglie frutto per la vita
eterna, affinché il seminatore e il mietitore si rallegrino insie-
me. 37 Poiché in questo è vero il detto: "L'uno semina e l'altro
miete". 38 Io vi ho mandati a mietere là dove voi non avete

io ti conosco

Certamente!
Perché, come ti ho scritto anche nella Bibbia, ti ho creato a mia immagine. Siamo più simili di quanto tu creda e, anche se pensi che non mi interesso a te, io sono sempre lì a condividere ogni tuo passo, a raccogliere ogni tua emozione, ogni tuo pensiero o sbalzo d'umore.
Ti conosco perché ti ho creato e perché non c'è momento della tua vita, che sia sfuggito alla mia attenzione.
E tu, vuoi conoscermi?

faticato; altri hanno faticato, e voi siete subentrati nella loro
fatica».
39 Molti Samaritani di quella città credettero in lui a motivo del-
la testimonianza resa da quella donna: «Egli mi ha detto tutto
quello che ho fatto». 40 Quando dunque i Samaritani andarono
da lui, lo pregarono di trattenersi da loro; ed egli si trattenne là
due giorni. 41 E molti di più credettero a motivo della sua paro-
la 42 e dicevano alla donna: «Non è più a motivo di quello che
tu ci hai detto, che crediamo; perché noi stessi abbiamo udito e
sappiamo che questi è veramente il Salvatore del mondo».

Gesù in Galilea; guarigione del figlio di un ufficiale

43 Trascorsi quei due giorni, egli partì di là per la Galilea;
44 poiché Gesù stesso aveva attestato che un profeta non è
onorato nella sua patria. 45 Quando dunque giunse in Galilea,
fu accolto dai Galilei, perché avevano visto le cose che egli
aveva fatte in Gerusalemme durante la festa; essi pure infatti
erano andati alla festa. 46 Egli dunque venne di nuovo a Cana
di Galilea, dove aveva cambiato l'acqua in vino. Vi era un
ufficiale del re[a], il cui figlio era infermo a Capernaum. 47 Come
egli ebbe udito che Gesù era venuto dalla Giudea in Galilea,
andò da lui e lo pregò che scendesse e guarisse suo figlio,
perché stava per morire. 48 Perciò Gesù gli disse: «Se non ve-
dete segni e prodigi, voi non crederete». 49 L'ufficiale del re
gli disse: «Signore, scendi prima che il mio bambino muoia».
50 Gesù gli disse: «Va', tuo figlio vive». Quell'uomo credette
alla parola che Gesù gli aveva detta, e se ne andò. 51 E mentre
già stava scendendo, i suoi servi gli andarono incontro e gli
dissero che suo figlio viveva. 52 Allora egli domandò a che ora
avesse cominciato a stare meglio; ed essi gli risposero: «Ieri,
all'ora settima, la febbre lo ha lasciato». 53 Così il padre rico-
nobbe che quella era l'ora in cui Gesù gli aveva detto: «Tuo
figlio vive»; e credette, lui con tutta la sua casa.

---

a *Re,* Erode Antipa, tetrarca di Galilea.

54 Gesù fece questo secondo segno miracoloso[a] tornando dalla
Giudea in Galilea.

Gesù guarisce un paralitico a Betesda

5 Dopo queste cose ci fu una festa dei Giudei, e Gesù salì
a Gerusalemme.
2 Or a Gerusalemme, presso la porta delle Pecore, c'è una vasca,
chiamata in ebraico Betesda, che ha cinque portici. 3 Sotto questi
portici giaceva un gran numero di infermi, di ciechi, di zoppi, di
paralitici [, i quali aspettavano l'agitarsi dell'acqua, 4 perché un an-
gelo, in determinati momenti, scendeva nella vasca e agitava l'ac-
qua; e il primo che vi scendeva dopo che l'acqua era stata agitata,
era guarito di qualunque malattia fosse colpito].
5 Là c'era un uomo che da trentotto anni era infermo. 6 Gesù,
vedutolo che giaceva e sapendo che già da lungo tempo stava
così, gli disse: «Vuoi guarire?» 7 L'infermo gli rispose: «Signore,
io non ho nessuno che, quando l'acqua è mossa, mi metta nella
vasca, e mentre ci vengo io, un altro vi scende prima di me».
8 Gesù gli disse: «Àlzati, prendi il tuo lettuccio e cammina».
9 In quell'istante quell'uomo fu guarito; e, preso il suo lettuc-
cio, si mise a camminare.
10 Quel giorno era un sabato; perciò i Giudei dissero all'uomo
guarito: «È sabato, e non ti è permesso portare il tuo lettuccio».
11 Ma egli rispose loro: «Colui che mi ha guarito mi ha detto:
"Prendi il tuo lettuccio e cammina"». 12 Essi gli domandarono:
«Chi è l'uomo che ti ha detto: "Prendi il tuo lettuccio e cam-
mina"?» 13 Ma colui che era stato guarito non sapeva chi fosse;
Gesù infatti si era allontanato, perché in quel luogo c'era molta
gente. 14 Più tardi Gesù lo trovò nel tempio e gli disse: «Ecco,
tu sei guarito; non peccare più, ché non ti accada di peggio».
15 L'uomo se ne andò, e disse ai Giudei che colui che lo aveva
guarito era Gesù. 16 Per questo i Giudei perseguitavano Gesù;
perché faceva queste cose di sabato.

---

a *Secondo segno miracoloso,* il primo è quello di Cana (vd. 2:11).

Gesù dichiara la sua uguaglianza con il Padre

17 Gesù rispose loro: «Il Padre mio opera fino ad ora, e anch'io
operoп». 18 Per questo i Giudei più che mai cercavano di ucci-
derlo, perché non soltanto violava il sabato, ma chiamava Dio
suo Padre, facendosi uguale a Dio.
19 Gesù quindi rispose e disse loro: «In verità, in verità vi dico
che il Figlio non può da se stesso fare cosa alcuna, se non ciò
che vede fare dal Padre; perché le cose che il Padre fa, anche
il Figlio le fa ugualmente. 20 Perché il Padre ama il Figlio e gli
mostra tutto quello che egli fa; e gli mostrerà opere maggiori di
queste, affinché ne restiate meravigliati. 21 Infatti, come il Padre
risuscita i morti e li vivifica, così anche il Figlio vivifica chi vuo-
le. 22 Inoltre, il Padre non giudica nessuno, ma ha affidato tut-
to il giudizio al Figlio, 23 affinché tutti onorino il Figlio come
onorano il Padre. Chi non onora il Figlio non onora il Padre
che lo ha mandato. 24 In veri-
tà, in verità vi dico: chi ascolta
la mia parola e crede a colui
che mi ha mandato ha vita
eterna; e non viene in giudi-
zio, ma è passato dalla morte
alla vita. 25 In verità, in verità
vi dico: l'ora viene, anzi è già
venuta, che i morti udranno la
voce del Figlio di Dio; e quelli
che l'avranno udita, vivranno.
26 Perché come il Padre ha
vita in se stesso, così ha dato anche al Figlio di avere vita in se
stesso; 27 e gli ha dato autorità di giudicare, perché è il Figlio
dell'uomo. 28 Non vi meravigliate di questo; perché l'ora viene
in cui tutti quelli che sono nelle tombe udranno la sua voce e
ne verranno fuori: 29 quelli che hanno operato bene, in risur-
rezione di vita; quelli che hanno operato male, in risurrezione
di giudizio. 30 Io non posso fare nulla da me stesso; come odo,

«In verità, in verità vi dico: chi ascolta la mia parola e crede a colui che mi ha mandato ha vita eterna; e non viene in giudizio, ma è passato dalla morte alla vita. (5:24)

giudico, e il mio giudizio è giusto, perché cerco non la mia pro-
pria volontà, ma la volontà di colui che mi ha mandato.

Testimonianze che confermano quella di Gesù

31 «Se io rendo testimonianza di me stesso, la mia testimonian-
za non è vera. 32 Vi è un altro che rende testimonianza di me;
e so che la testimonianza che egli rende di me è vera. 33 Voi
avete mandato a interrogare
Giovanni, ed egli ha reso te-
stimonianza alla verità. 34 Io
però la testimonianza non la
ricevo da un uomo, ma dico
questo affinché voi siate sal-
vati. 35 Egli era la lampada ar-
dente e splendente, e voi ave-
te voluto rallegrarvi per breve
tempo alla sua luce. 36 Ma io
ho una testimonianza mag-
giore di quella di Giovanni;
perché le opere che il Padre
mi ha date da compiere,
quelle stesse opere che fac-
cio, testimoniano di me che
il Padre mi ha mandato. 37 Il
Padre che mi ha mandato, egli stesso ha reso testimonianza
di me. La sua voce voi non l'avete mai udita, il suo volto non
l'avete mai visto, 38 e la sua parola non dimora in voi, perché
non credete in colui che egli ha mandato. 39 Voi investigate le
Scritture perché pensate di avere per mezzo di esse vita eterna,
ed esse sono quelle che rendono testimonianza di me; 40 eppure
non volete venire a me per avere la vita!
41 Io non prendo gloria dagli uomini; 42 ma io vi conosco: voi
non avete l'amore di Dio in voi. 43 Io sono venuto nel nome
del Padre mio, e voi non mi ricevete; se un altro verrà nel suo

io ti perdono

Se ci sono stati momenti in cui ti sei sentito fuori posto, inadeguato o sporco.
Se pensi che non ci sia un modo per azzerare tutto, ripulire la tua vita.
Se ti stai chiedendo come io possa perdonare i tuoi difetti o le cose sbagliate che hai fatto (e che io chiamo peccato)...
Io ho la risposta: Gesù.
No, non devi compiere opere strabilianti, sacrifici o riti; devi solo accettare quello che Gesù ha fatto duemila anni fa sulla croce, e permettergli di diventare il tuo Salvatore.
Accetti?

proprio nome, quello lo riceverete. 44 Come potete credere, voi
che prendete gloria gli uni dagli altri e non cercate la gloria che
viene da Dio solo? 45 Non crediate che io sia colui che vi accu-
serà davanti al Padre; c'è chi vi accusa, ed è Mosè, nel quale
avete riposto la vostra speranza. 46 Infatti, se credeste a Mosè,
credereste anche a me; poiché egli ha scritto di me. 47 Ma se
non credete ai suoi scritti, come crederete alle mie parole?»

Moltiplicazione dei pani per cinquemila uomini

6 Dopo queste cose Gesù se ne andò all'altra riva del mare
di Galilea, cioè il mare di Tiberiade. 2 Una gran folla lo
seguiva, perché vedeva i segni miracolosi che egli faceva sugli
infermi. 3 Ma Gesù salì sul monte e là si pose a sedere con i suoi
discepoli.
4 Or la Pasqua, la festa dei Giudei, era vicina.
5 Gesù dunque, alzati gli occhi e vedendo che una gran fol-
la veniva verso di lui, disse a Filippo: «Dove compreremo del
pane perché questa gente abbia da mangiare?» 6 Diceva così
per metterlo alla prova; perché sapeva bene quello che stava
per fare. 7 Filippo gli rispose: «Duecento denari di pani non
bastano perché ciascuno ne riceva un pezzetto». 8 Uno dei suoi
discepoli, Andrea, fratello di Simon Pietro, gli disse: 9 «C'è
qui un ragazzo che ha cinque pani d'orzo e due pesci; ma che
cosa sono per così tanta gente?» 10 Gesù disse: «Fateli sedere».
C'era molta erba in quel luogo. La gente dunque si sedette, ed
erano circa cinquemila uomini. 11 Gesù quindi prese i pani e,
dopo aver reso grazie, li distribuì alla gente seduta; lo stesso
fece dei pesci, quanti ne vollero. 12 Quando furono saziati, disse
ai suoi discepoli: «Raccogliete i pezzi avanzati, perché niente si
perda». 13 Essi quindi li raccolsero, e riempirono dodici ceste
con i pezzi dei cinque pani d'orzo che erano avanzati a quelli
che avevano mangiato.
14 La gente dunque, avendo visto il segno miracoloso che Gesù
aveva fatto, disse: «Questi è certo il profeta che deve venire

nel mondo». 15 Gesù, quindi, sapendo che stavano per venire a
rapirlo per farlo re, si ritirò di nuovo sul monte, da solo.

Gesù cammina sul mare

16 Quando fu sera, i suoi discepoli scesero al mare 17 e, mon-
tati in una barca, si diressero all'altra riva, verso Capernaum.
Era già buio e Gesù non era ancora venuto presso di loro. 18 Il
mare era agitato, perché tirava un forte vento. 19 Come ebbe-
ro remato per circa venticinque o trenta stadi[a], videro Gesù
camminare sul mare e accostarsi alla barca; ed ebbero paura.
20 Ma egli disse loro: «Sono io, non temete». 21 Essi dunque lo
vollero prendere nella barca, e subito la barca toccò terra là
dove erano diretti.

Gesù, il pane della vita

22 Il giorno seguente, la folla che era rimasta sull'altra riva del
mare si rese conto che là non c'era altro che una sola barca e
che Gesù non vi era salito con i suoi discepoli, ma che i di-
scepoli erano partiti da soli. 23 Altre barche, intanto, erano
giunte da Tiberiade, vicino al luogo dove avevano mangiato il
pane dopo che il Signore aveva reso grazie. 24 La folla, dunque,
quando ebbe visto che Gesù non era là, e nemmeno i suoi di-
scepoli, montò in quelle barche e andò a Capernaum in cerca
di Gesù. 25 Trovatolo di là dal mare, gli dissero: «Rabbì, quan-
do sei giunto qui?» 26 Gesù rispose loro: «In verità, in verità vi
dico che voi mi cercate non perché avete visto dei segni mira-
colosi, ma perché avete mangiato dei pani e siete stati saziati.
27 Adoperatevi non per il cibo che perisce, ma per il cibo che
dura in vita eterna, e che il Figlio dell'uomo vi darà; poiché
su di lui il Padre, cioè Dio, ha posto il proprio sigillo». 28 Essi
dunque gli dissero: «Che dobbiamo fare per compiere le opere
di Dio?» 29 Gesù rispose loro: «Questa è l'opera di Dio: che

---

a *Venticinque o trenta stadi,* cinque o sei chilometri.

crediate in colui che egli ha mandato». 30 Allora essi gli dissero:
«Quale segno miracoloso fai, dunque, affinché lo vediamo e ti
crediamo? Che operi? 31 I nostri padri mangiarono la manna[a]
nel deserto, come è scritto: *"Egli diede loro da mangiare del
pane venuto dal cielo"*[b]».
32 Gesù disse loro: «In verità, in verità vi dico che non Mosè vi
ha dato il pane che viene dal cielo, ma il Padre mio vi dà il vero
pane che viene dal cielo. 33 Poiché il pane di Dio è quello che
scende dal cielo, e dà vita al mondo».
34 Essi quindi gli dissero: «Signore, dacci sempre di questo
pane».
35 Gesù disse loro: «Io sono il pane della vita; chi viene a me
non avrà più fame e chi crede in me non avrà mai più sete.
36 Ma io ve l'ho detto: "Voi mi avete visto, eppure non crede-
te!" 37 Tutti quelli che il Padre mi dà verranno a me; e colui
che viene a me, non lo caccerò fuori; 38 perché sono disceso dal
cielo non per fare la mia volontà, ma la volontà di colui che mi
ha mandato. 39 Questa è la volontà di colui che mi ha mandato:
che io non perda nessuno di quelli che egli mi ha dati, ma che
li risusciti nell'ultimo giorno. 40 Poiché questa è la volontà del
Padre mio: che chiunque contempla il Figlio e crede in lui,
abbia vita eterna; e io lo risusciterò nell'ultimo giorno».
41 Perciò i Giudei mormoravano di lui perché aveva detto: «Io
sono il pane che è disceso dal cielo». 42 Dicevano: «Non è co-
stui Gesù, il figlio di Giuseppe, del quale conosciamo il padre e
la madre? Come mai ora dice: "Io sono disceso dal cielo"?»
43 Gesù rispose loro: «Non mormorate tra di voi. 44 Nessuno
può venire a me se il Padre che mi ha mandato non lo attira;
e io lo risusciterò nell'ultimo giorno. 45 È scritto nei profeti:
"*Saranno tutti istruiti da Dio*"[c]. Chiunque ha udito il Padre e ha
imparato da lui, viene a me. 46 Perché nessuno ha visto il Padre,

---

a *Manna,* cibo che Dio diede agli Israeliti ogni giorno dopo la loro uscita dall'Egitto, durante il loro peregrinare nel deserto, che durò 40 anni.

b *Egli diede loro... dal cielo,* citazione di Neemia 9:15; Salmo 78:24.

c *Saranno... da Dio,* riferimento a Isaia 54:13; Geremia 31:34.

se non colui che è da Dio; egli ha visto il Padre. 47 In verità, in
verità vi dico: chi crede in me ha vita eterna. 48 Io sono il pane
della vita. 49 I vostri padri mangiarono la manna nel deserto e
morirono. 50 Questo è il pane che discende dal cielo, affinché
chi ne mangia non muoia. 51 Io sono il pane vivente che è disce-
so dal cielo; se uno mangia di questo pane vivrà in eterno; e il
pane che io darò per la vita del mondo è la mia carne».
52 I Giudei dunque discutevano tra di loro, dicendo: «Come
può costui darci da mangiare la sua carne?»
53 Perciò Gesù disse loro: «In verità, in verità vi dico che se non
mangiate la carne del Figlio dell'uomo e non bevete il suo san-
gue, non avete vita in voi. 54 Chi mangia la mia carne e beve il
mio sangue ha vita eterna; e io lo risusciterò nell'ultimo giorno.
55 Perché la mia carne è vero cibo e il mio sangue è vera bevan-
da. 56 Chi mangia la mia carne e beve il mio sangue dimora in
me, e io in lui. 57 Come il Padre vivente mi ha mandato e io vivo
a motivo del Padre, così chi mi mangia vivrà anch'egli a motivo
di me. 58 Questo è il pane che è disceso dal cielo; non come
quello che hanno mangiato i padri e sono morti; chi mangia di
questo pane vivrà in eterno».
59 Queste cose disse Gesù, insegnando nella sinagoga di
Capernaum.

Gesù mette alla prova la lealtà dei discepoli

60 Perciò molti dei suoi discepoli, dopo aver udito, dissero: «Questo
parlare è duro; chi può ascoltarlo?» 61 Gesù, sapendo dentro di sé
che i suoi discepoli mormoravano di ciò, disse loro: «Questo vi
scandalizza? 62 E che sarebbe se vedeste il Figlio dell'uomo ascen-
dere dov'era prima? 63 È lo Spirito che vivifica; la carne non è di
alcuna utilità; le parole che vi ho dette sono spirito e vita. 64 Ma tra
di voi ci sono alcuni che non credono». Gesù sapeva infatti fin dal
principio chi erano quelli che non credevano e chi era colui che lo
avrebbe tradito. 65 E diceva: «Per questo vi ho detto che nessuno
può venire a me se non gli è dato dal Padre».

66 Da allora molti dei suoi discepoli si tirarono indietro e non
andavano più con lui.
67 Perciò Gesù disse ai dodici: «Non volete andarvene anche
voi?» 68 Simon Pietro gli rispose: «Signore, da chi andremmo
noi? Tu hai parole di vita eterna! 69 E noi abbiamo creduto e
abbiamo conosciuto che tu sei il Santo di Dio». 70 Gesù rispose
loro: «Non ho io scelto voi dodici? Eppure uno di voi è un
diavolo!» 71 Egli parlava di Giuda, figlio di Simone Iscariota[a],
perché questi, uno dei dodici, stava per tradirlo.

I fratelli di Gesù non credono in lui

7 Dopo queste cose, Gesù se ne andava per la Galilea, non volendo fare altrettanto in Giudea perché i Giudei cercavano di ucciderlo.
2 Or la festa dei Giudei, detta delle Capanne, era vicina. 3 Perciò
i suoi fratelli gli dissero: «Parti di qua e va' in Giudea, affinché anche i tuoi discepoli vedano le opere che tu fai. 4 Poiché
nessuno agisce in segreto quando cerca di essere riconosciuto
pubblicamente. Se tu fai queste cose, manifèstati al mondo».
5 Poiché neppure i suoi fratelli credevano in lui. 6 Gesù quindi
disse loro: «Il mio tempo non è ancora venuto; il vostro tempo, invece, è sempre pronto. 7 Il mondo non può odiare voi;
ma odia me, perché io testimonio di lui che le sue opere sono
malvagie. 8 Salite voi alla festa; io non salgo a questa festa, perché il mio tempo non è ancora compiuto». 9 Dette queste cose,
rimase in Galilea.

Gesù alla festa delle Capanne

10 Ma quando i suoi fratelli furono saliti alla festa, allora vi salì
anche lui; non palesemente, ma come di nascosto. 11 I Giudei
dunque lo cercavano durante la festa e dicevano: «Dov'è quel
tale?» 12 Vi era tra la folla un gran mormorio riguardo a lui.
Alcuni dicevano: «È un uomo per bene!», altri dicevano: «No,

---

a *Iscariota,* o *uomo di Cariot,* città della Giudea.

anzi, svia la gente!» 13 Nessuno però parlava di lui apertamen-
te, per paura dei Giudei.
14 Verso la metà della festa, Gesù salì al tempio e si mise a inse-
gnare. 15 Perciò i Giudei si meravigliavano e dicevano: «Come
mai conosce le Scritture senza aver fatto studi?» 16 Gesù quindi
rispose loro: «La mia dottrina non è mia, ma di colui che mi
ha mandato. 17 Se uno vuole fare la volontà di lui, conoscerà se
questa dottrina è da Dio o se io parlo di mio. 18 Chi parla di suo
cerca la propria gloria; ma chi cerca la gloria di colui che l'ha
mandato, è veritiero e non vi è ingiustizia in lui. 19 Mosè non vi
ha forse dato la legge? Eppure nessuno di voi mette in pratica
la legge! Perché cercate di uccidermi?» 20 La gente rispose: «Tu
hai un demonio! Chi cerca di ucciderti?» 21 Gesù rispose loro:
«Un'opera[a] sola ho fatto, e tutti ve ne meravigliate. 22 Mosè vi
ha dato la circoncisione[b] (non che venga da Mosè, ma viene
dai padri); e voi circoncidete l'uomo in giorno di sabato. 23 Se
un uomo riceve la circoncisione di sabato affinché la legge[c] di
Mosè non sia violata, vi adirate voi contro di me perché in gior-
no di sabato ho guarito un uomo tutto intero? 24 Non giudicate
secondo l'apparenza, ma giudicate secondo giustizia».
25 Perciò alcuni di Gerusalemme dicevano: «Non è questi co-
lui che cercano di uccidere? 26 Eppure, ecco, egli parla libera-
mente e non gli dicono nulla. Che i capi abbiano riconosciuto
per davvero che egli è il Cristo? 27 Eppure, costui sappiamo di
dov'è; ma quando il Cristo verrà, nessuno saprà di dove egli
sia». 28 Gesù, dunque, insegnando nel tempio, esclamò: «Voi
certamente mi conoscete e sapete di dove sono; però non sono
venuto da me, ma colui che mi ha mandato è veritiero, e voi

---

a *Un'opera,* la guarigione di un malato in giorno di sabato (5:1-9).

b *Circoncisione,* piccola operazione che consisteva nell'asportazione del prepuzio; era stata data come segno del patto che Dio aveva stabilito con Abraamo, il capostipite degli Israeliti (Genesi 17:9-14). Secondo Levitico 12:3 doveva essere praticata quando il bambino aveva 8 giorni.

c *La legge,* essa prescriveva la circoncisione del bambino l'ottavo giorno dalla sua nascita, senza eccezione per il sabato.

non lo conoscete. 29 Io lo conosco, perché vengo da lui, ed è
lui che mi ha mandato». 30 Cercavano perciò di arrestarlo, ma
nessuno gli mise le mani addosso, perché l'ora sua non era an-
cora venuta.
31 Ma molti della folla credettero in lui, e dicevano: «Quando il
Cristo sarà venuto, farà più segni miracolosi di quanti ne abbia
fatto questi?» 32 I farisei udirono la gente mormorare queste
cose di lui; e i capi dei sacerdoti e i farisei mandarono delle
guardie per arrestarlo.
33 Perciò Gesù disse: «Io sono ancora con voi per poco tempo,
poi me ne vado a colui che mi ha mandato. 34 Voi mi cerchere-
te e non mi troverete; e dove io sarò, voi non potete venire».
35 Perciò i Giudei dissero tra di loro: «Dove andrà dunque ché
noi non lo troveremo? Andrà forse da quelli che sono disper-
si tra i Greci[a], a insegnare ai Greci? 36 Che significano queste
sue parole: "Voi mi cercherete e non mi troverete" e: "Dove io
sarò, voi non potete venire"?»

Fiumi d'acqua viva

37 Nell'ultimo giorno, il giorno più solenne della festa, Gesù
stando in piedi esclamò: «Se
qualcuno ha sete, venga a me
e beva. 38 Chi crede in me,
come ha detto la Scrittura,
fiumi d'acqua viva sgorghe-
ranno dal suo seno». 39 Disse
questo dello Spirito, che do-
vevano ricevere quelli che
avevano creduto in lui; lo
Spirito, infatti, non era ancora
stato dato, perché Gesù non
era ancora glorificato.

Se qualcuno ha sete, venga a me e beva. Chi crede in me, come ha detto la Scrittura, fiumi d'acqua viva sgorgheranno dal suo seno. (7:37-38)

a *Quelli che sono dispersi tra i Greci,* i Giudei dispersi in mezzo alle nazioni pagane.

Quel che la gente dice di Gesù

40 Una parte dunque della gente, udite quelle parole, diceva:
«Questi è davvero il profeta». 41 Altri dicevano: «Questi è il
Cristo». Altri, invece, dicevano: «Ma è forse dalla Galilea che
viene il Cristo? 42 La Scrittura non dice forse che il Cristo viene
dalla discendenza di Davide e da Betlemme, il villaggio dove
stava Davide?[a]» 43 Vi fu dunque dissenso, tra la gente, a causa
sua; 44 e alcuni di loro lo volevano arrestare, ma nessuno gli
mise le mani addosso.
45 Le guardie dunque tornarono dai capi dei sacerdoti e dai fa-
risei, i quali dissero loro: «Perché non lo avete portato?» 46 Le
guardie risposero: «Mai un uomo ha parlato così!» 47 Perciò
i farisei replicarono loro: «Siete stati sedotti anche voi? 48 Ha
qualcuno dei capi o dei farisei creduto in lui? 49 Ma questo po-
polino, che non conosce la legge, è maledetto!» 50 Nicodemo
(uno di loro, quello che prima era andato da lui) disse loro:
51 «La nostra legge giudica forse un uomo prima che sia stato
udito e che si sappia quello che ha fatto?» 52 Essi gli risposero:
«Sei anche tu di Galilea? Esamina, e vedrai che dalla Galilea
non sorge profeta».
53 [E ognuno se ne andò a casa sua.

La donna adultera

8 Gesù andò al monte degli Ulivi. 2 All'alba tornò nel tem-
pio, e tutto il popolo andò da lui; ed egli, sedutosi, li
istruiva.
3 Allora gli scribi e i farisei condussero una donna còlta in adul-
terio; e fattala stare in mezzo, 4 gli dissero: «Maestro, questa
donna è stata còlta in flagrante adulterio. 5 Ora Mosè, nella
legge, ci ha comandato di lapidare tali donne; tu che ne dici?»
6 Dicevano questo per metterlo alla prova, per poterlo accusa-
re. Ma Gesù, chinatosi, si mise a scrivere con il dito in terra. 7 E
siccome continuavano a interrogarlo, egli si alzò e disse loro:

---

a *La Scrittura… Betlemme,* riferimento a 1 Samuele 7:12-13; Salmo 132:11; Michea 5:1.

«Chi di voi è senza peccato, scagli per primo la pietra contro di
lei». 8 E, chinatosi di nuovo, scriveva in terra. 9 Essi, udito ciò,
uscirono a uno a uno, cominciando dai più vecchi; e Gesù fu
lasciato solo con la donna che stava là in mezzo. 10 Gesù, alza-
tosi, le disse: «Donna, dove sono? Nessuno ti ha condannata?»
11 Ella rispose: «Nessuno, Signore». E Gesù disse: «Neppure io
ti condanno; va' e da ora in poi non peccare più».]

Gesù, la luce del mondo

12 Gesù parlò loro di nuovo, dicendo: «Io sono la luce del mon-
do; chi mi segue non camminerà nelle tenebre, ma avrà la luce
della vita».
13 Allora i farisei gli dissero: «Tu testimoni di te stesso; la tua
testimonianza non è vera». 14 Gesù rispose loro: «Anche se io
testimonio di me stesso, la mia testimonianza è vera, perché so
da dove sono venuto e dove vado; ma voi non sapete da dove io
vengo né dove vado. 15 Voi giudicate secondo la carne; io non
giudico nessuno. 16 E anche se giudico, il mio giudizio è veritie-
ro, perché non sono solo, ma io e il Padre che mi ha mandato.
17 D'altronde nella vostra legge è scritto che la testimonianza di
due uomini è vera. 18 Ora sono io a testimoniare di me stesso,
e anche il Padre che mi ha mandato testimonia di me». 19 Essi
perciò gli dissero: «Dov'è tuo Padre?» Gesù rispose: «Voi non
conoscete né me né il Padre mio; se conosceste me, conoscere-
ste anche il Padre mio».
20 Queste parole le pronunciò nella sala del tesoro[a], insegnan-
do nel tempio; e nessuno lo arrestò, perché l'ora sua non era
ancora venuta.
21 Egli dunque disse loro di nuovo: «Io me ne vado e voi mi cer-
cherete, e morirete nel vostro peccato; dove vado io, voi non
potete venire». 22 Perciò i Giudei dicevano: «Si ucciderà forse?
Poiché dice: "Dove vado io, voi non potete venire"». 23 Egli
diceva loro: «Voi siete di quaggiù, io sono di lassù; voi siete di

a *Sala del tesoro,* luogo dove venivano raccolte le offerte e i contributi destinati al tempio.

questo mondo, io non sono di questo mondo. 24 Perciò vi ho
detto che morirete nei vostri peccati; perché se non credete che
io sono[a], morirete nei vostri peccati». 25 Allora gli domandaro-
no: «Chi sei tu?» Gesù rispose loro: «Sono per l'appunto quel-
lo che vi dico. 26 Ho molte cose da dire e da giudicare sul conto
vostro; ma colui che mi ha mandato è veritiero, e le cose che
ho udite da lui le dico al mondo». 27 Essi non capirono che egli
parlava loro del Padre. 28 Gesù dunque disse loro: «Quando
avrete innalzato il Figlio dell'uomo, allora conoscerete che io
sono, e che non faccio nulla da me, ma dico queste cose come
il Padre mi ha insegnato. 29 E colui che mi ha mandato è con
me; egli non mi ha lasciato solo, perché faccio sempre le cose
che gli piacciono».

30 Mentre egli parlava così, molti credettero in lui. 31 Gesù al-
lora disse a quei Giudei che avevano creduto in lui: «Se per-

> » ...conoscerete la verità e la verità vi farà liberi. (8:32)

severate nella mia parola, siete
veramente miei discepoli; 32 co-
noscerete la verità e la verità
vi farà liberi». 33 Essi gli rispo-
sero: «Noi siamo discendenti
di Abraamo, e non siamo mai
stati schiavi di nessuno; come
puoi tu dire: "Voi diverrete liberi"?» 34 Gesù rispose loro: «In
verità, in verità vi dico che chiunque commette il peccato è
schiavo del peccato. 35 Ora lo schiavo non dimora per sempre
nella casa: il figlio vi dimora per sempre. 36 Se dunque il Figlio
vi farà liberi, sarete veramente liberi. 37 So che siete discenden-
ti di Abraamo; ma cercate di uccidermi, perché la mia parola
non penetra in voi. 38 Io dico quel che ho visto presso il Padre
mio; e voi pure fate le cose che avete udite dal padre vostro».
39 Essi gli risposero: «Nostro padre è Abraamo». Gesù disse
loro: «Se foste figli di Abraamo, fareste le opere di Abraamo;
40 ora invece cercate di uccidermi, perché vi ho detto la verità

---

a *Io sono,* allusione al nome stesso di Dio (cfr. v. 58; Esodo 3:14; Ebrei 13:8).

che ho udita da Dio; Abraamo non fece così. 41 Voi fate le opere
del padre vostro». Essi dunque gli dissero: «Noi non siamo nati
da fornicazione; abbiamo un solo Padre: Dio». 42 Gesù disse
loro: «Se Dio fosse vostro Padre, mi amereste, perché io sono
proceduto e vengo da Dio; infatti io non sono venuto da me,
ma è lui che mi ha mandato. 43 Perché non comprendete il mio
parlare? Perché non potete dare ascolto alla mia parola. 44 Voi
siete figli del diavolo, che è vostro padre, e volete fare i desideri
del padre vostro. Egli è stato omicida fin dal principio e non si
è attenuto alla verità, perché non c'è verità in lui. Quando dice
il falso parla di quel che è suo, perché è bugiardo e padre della
menzogna. 45 A me, perché io dico la verità, voi non credete.
46 Chi di voi mi convince di peccato? Se dico la verità, perché
non mi credete? 47 Chi è da Dio ascolta le parole di Dio. Per
questo voi non le ascoltate; perché non siete da Dio».

Gesù e Abraamo

48 I Giudei gli risposero: «Non diciamo noi con ragione che
sei un Samaritano[a] e che hai un demonio?» 49 Gesù replicò:
«Io non ho un demonio, ma onoro il Padre mio, e voi mi di-
sonorate. 50 Io non cerco la mia gloria; v'è uno che la cerca e
che giudica. 51 In verità, in verità vi dico che se uno osserva la
mia parola, non vedrà mai la morte». 52 I Giudei dunque gli
dissero: «Ora sappiamo che tu hai un demonio. Abraamo e
i profeti sono morti, e tu dici: "Se uno osserva la mia parola,
non gusterà mai la morte". 53 Sei tu forse maggiore del padre
nostro Abraamo il quale è morto? Anche i profeti sono morti;
chi pretendi di essere?» 54 Gesù rispose: «Se io glorifico me
stesso, la mia gloria è nulla; chi mi glorifica è il Padre mio, del
quale voi dite: "È nostro Dio!" 55 e non l'avete conosciuto; ma
io lo conosco, e se dicessi di non conoscerlo sarei un bugiardo
come voi; ma io lo conosco e osservo la sua parola. 56 Abraamo,

a *Samaritano,* i Samaritani erano una mescolanza di Israeliti e di diversi popoli giunti in Israele dopo la caduta di Samaria; erano disprezzati dai Giudei (vd. 4:9).

vostro padre, ha gioito nell'attesa di vedere il mio giorno; e l'ha
visto, e se n'è rallegrato». 57 I Giudei gli dissero: «Tu non hai
ancora cinquant'anni e hai visto Abraamo?» 58 Gesù disse loro:
«In verità, in verità vi dico: prima che Abraamo fosse nato, io
sono[a]».
59 Allora essi presero delle pietre per tirargliele; ma Gesù si
nascose e uscì dal tempio.

Gesù guarisce un uomo cieco fin dalla nascita

9 Passando vide un uomo che era cieco fin dalla nascita. 2 I
suoi discepoli lo interrogarono, dicendo: «Rabbì, chi ha
peccato, lui o i suoi genitori, perché sia nato cieco?» 3 Gesù ri-
spose: «Né lui ha peccato, né i suoi genitori; ma è così affinché
le opere di Dio siano manifestate in lui. 4 Bisogna che io compia
le opere di colui che mi ha mandato mentre è giorno; la notte
viene in cui nessuno può operare. 5 Mentre sono nel mondo, io
sono la luce del mondo».
6 Detto questo, sputò in terra, fece del fango con la saliva, gli
spalmò il fango sugli occhi 7 e gli disse: «Va', làvati nella vasca
di Siloe» (che significa «mandato»). Egli dunque andò, si lavò
e tornò che ci vedeva. 8 Perciò i vicini e quelli che lo avevano
visto prima, perché era mendicante, dicevano: «Non è questo
colui che stava seduto a chiedere l'elemosina?» 9 Alcuni diceva-
no: «È lui». Altri dicevano: «No, ma gli somiglia». Egli diceva:
«Sono io». 10 Allora essi gli domandarono: «Com'è che ti sono
stati aperti gli occhi?» 11 Egli rispose: «Quell'uomo che si chia-
ma Gesù ha fatto del fango, me ne ha spalmato gli occhi e mi
ha detto: "Va' a Siloe e làvati". Io quindi sono andato, mi sono
lavato e ho recuperato la vista». 12 Ed essi gli dissero: «Dov'è
costui?» Egli rispose: «Non so».
13 Condussero dai farisei colui che era stato cieco. 14 Or era
in giorno di sabato che Gesù aveva fatto il fango e gli aveva
aperto gli occhi. 15 I farisei dunque gli domandarono di nuovo

a *Io sono,* allusione al nome stesso di Dio (cfr. Esodo 3:14; Ebrei 13:8).

come egli avesse recuperato la vista. Ed egli disse loro: «Mi ha
messo del fango sugli occhi, mi sono lavato e ci vedo». 16 Perciò
alcuni dei farisei dicevano: «Quest'uomo non è da Dio perché
non osserva il sabato». Ma altri dicevano: «Come può un uomo
peccatore compiere tali segni miracolosi?» E vi era disaccordo
tra di loro. 17 Essi dunque dissero di nuovo al cieco: «Tu, che
dici di lui, poiché ti ha aperto gli occhi?» Egli rispose: «È un
profeta».
18 I Giudei però non credettero che lui fosse stato cieco e aves-
se recuperato la vista, finché non ebbero chiamato i genitori
di colui che aveva recuperato la vista 19 e li ebbero interrogati
così: «È questo vostro figlio che dite essere nato cieco? Com'è
dunque che ora ci vede?» 20 I suoi genitori allora risposero:
«Sappiamo che questo è nostro figlio e che è nato cieco; 21 ma
come ora ci veda non lo sappiamo, né sappiamo chi gli abbia
aperto gli occhi; domandatelo a lui; egli è adulto, parlerà lui di
sé». 22 Questo dissero i suoi genitori perché avevano paura dei
Giudei; infatti i Giudei avevano già stabilito che se uno aves-
se riconosciuto Gesù come Cristo, sarebbe stato espulso dalla
sinagoga. 23 Per questo i suoi genitori dissero: «Egli è adulto,
domandatelo a lui».
24 Essi dunque chiamarono per la seconda volta l'uomo che era
stato cieco, e gli dissero: «Da' gloria a Dio! Noi sappiamo che
quest'uomo è un peccatore». 25 Egli dunque rispose: «Se egli
sia un peccatore, non lo so; una cosa so: che ero cieco e ora ci
vedo». 26 Essi allora gli dissero: «Che cosa ti ha fatto? Come ti
ha aperto gli occhi?» 27 Egli rispose loro: «Ve l'ho già detto e
voi non avete ascoltato. Perché volete udirlo di nuovo? Volete
forse diventare suoi discepoli anche voi?» 28 Essi lo insultarono
e dissero: «Tu sei discepolo di costui! Noi siamo discepoli di
Mosè. 29 Noi sappiamo che a Mosè Dio ha parlato; ma in quan-
to a costui, non sappiamo di dove sia». 30 L'uomo rispose loro:
«Questo poi è strano, che voi non sappiate di dove sia; eppure
mi ha aperto gli occhi! 31 Si sa che Dio non esaudisce i pecca-

tori; ma se uno è pio e fa la volontà di Dio, egli lo esaudisce.
32 Da che mondo è mondo non si è mai udito che uno abbia
aperto gli occhi a uno nato cieco. 33 Se quest'uomo non fosse
da Dio, non potrebbe fare nulla». 34 Essi gli risposero: «Tu sei
tutto quanto nato nel peccato e insegni a noi?» E lo cacciarono
fuori.
35 Gesù udì che lo avevano cacciato fuori; e, trovatolo, gli dis-
se: «Credi nel Figlio dell'uomo?» 36 Quegli rispose: «Chi è,
Signore, perché io creda in lui?» 37 Gesù gli disse: «Tu l'hai
già visto; è colui che ti sta parlando». 38 Egli disse: «Signore, io
credo». E l'adorò.
39 Gesù disse: «Io sono venuto in questo mondo per fare un
giudizio, affinché quelli che non vedono vedano, e quelli che
vedono diventino ciechi». 40 Alcuni farisei, che erano con lui,
udirono queste cose e gli dissero: «Siamo ciechi anche noi?»
41 Gesù rispose loro: «Se foste ciechi, non avreste alcun pecca-
to; ma siccome dite: "Noi vediamo", il vostro peccato rimane.

Gesù, il buon pastore

10 «In verità, in verità vi dico che chi non entra per la porta
nell'ovile delle pecore, ma vi sale da un'altra parte, è un
ladro e un brigante. 2 Ma colui che entra per la porta è il pasto-
re delle pecore. 3 A lui apre il portinaio, e le pecore ascoltano
la sua voce; ed egli chiama le proprie pecore per nome e le
conduce fuori. 4 Quando ha messo fuori tutte le sue pecore, va
davanti a loro, e le pecore lo seguono, perché conoscono la sua
voce. 5 Ma un estraneo non lo seguiranno; anzi, fuggiranno via
da lui perché non conoscono la voce degli estranei».
6 Questa similitudine disse loro Gesù; ma essi non capirono
quali fossero le cose che diceva loro.
7 Perciò Gesù di nuovo disse loro: «In verità, in verità vi dico:
io sono la porta delle pecore. 8 Tutti quelli che sono venuti pri-
ma di me, sono stati ladri e briganti; ma le pecore non li hanno
ascoltati. 9 Io sono la porta; se uno entra per me, sarà salvato,

entrerà e uscirà, e troverà pa-
stura. 10 Il ladro non viene se
non per rubare, ammazzare
e distruggere; io sono venuto
perché abbiano la vita e l'ab-
biano in abbondanza.
11 Io sono il buon pastore; il
buon pastore dà la sua vita
per le pecore. 12 Il mercenario, che non è pastore e al quale
non appartengono le pecore, vede venire il lupo, abbandona
le pecore e si dà alla fuga (e il lupo le rapisce e le disperde),
13 perché è mercenario e non si cura delle pecore. 14 Io sono il
buon pastore, e conosco le mie, e le mie conoscono me, 15 come
il Padre mi conosce e io conosco il Padre, e do la mia vita per
le pecore. 16 Ho anche altre pecore, che non sono di quest'ovi-
le; anche quelle devo raccogliere, ed esse ascolteranno la mia
voce, e vi sarà un solo gregge, un solo pastore. 17 Per questo
mi ama il Padre; perché io depongo la mia vita per riprenderla
poi. 18 Nessuno me la toglie, ma io la depongo da me. Ho il
potere di deporla e ho il potere di riprenderla. Quest'ordine
ho ricevuto dal Padre mio».
19 Nacque di nuovo un dissenso tra i Giudei per queste parole.
20 Molti di loro dicevano: «Ha un demonio ed è fuori di sé; per-
ché lo ascoltate?» 21 Altri dicevano: «Queste non sono parole di
un indemoniato. Può un demonio aprire gli occhi ai ciechi?»

> « ...io sono venuto perché abbiano la vita e l'abbiano in abbondanza. (10:10)

Gesù afferma la sua deità

22 In quel tempo ebbe luogo in Gerusalemme la festa della
Dedicazione[a]. Era d'inverno, 23 e Gesù passeggiava nel tempio,
sotto il portico di Salomone. 24 I Giudei dunque gli si fecero
attorno e gli dissero: «Fino a quando terrai sospeso l'animo
nostro? Se tu sei il Cristo, diccelo apertamente».

---

a *La festa della Dedicazione,* fu istituita da Giuda Maccabeo e dai suoi fratelli in ricordo della purificazione del tempio, dopo che questo era stato profanato da Antioco Epifane.

25 Gesù rispose loro: «Ve l'ho detto, e non lo credete; le opere
che faccio nel nome del Padre mio, sono quelle che testimo-
niano di me; 26 ma voi non credete, perché non siete delle mie
pecore. 27 Le mie pecore ascoltano la mia voce e io le conosco,
ed esse mi seguono; 28 e io do loro la vita eterna, e non periran-
no mai, e nessuno le rapirà dalla mia mano. 29 Il Padre mio che
me le ha date è più grande di tutti; e nessuno può rapirle dalla
mano del Padre. 30 Io e il Padre siamo uno».

> …e io do loro la vita eterna, e non periranno mai, e nessuno le rapirà dalla mia mano… Io e il Padre siamo uno. (10:28, 30)

31 I Giudei presero di nuovo
delle pietre per lapidarlo.
32 Gesù disse loro: «Vi ho mo-
strato molte buone opere da
parte del Padre; per quale di
queste opere mi lapidate?»
33 I Giudei gli risposero: «Non
ti lapidiamo per una buona
opera, ma per bestemmia, e
perché tu, che sei uomo, ti fai
Dio». 34 Gesù rispose loro: «Non sta scritto nella vostra leg-
ge: *"Io ho detto: voi siete dèi"*[a]?
35 Se chiama dèi coloro ai quali la parola di Dio è stata di-
retta (e la Scrittura non può essere annullata), 36 a colui che
il Padre ha santificato e mandato nel mondo voi dite: "Tu
bestemmi", perché ho detto: "Sono Figlio di Dio"? 37 Se non
faccio le opere del Padre mio, non credetemi; 38 ma se le fac-
cio, anche se non credete a me, credete alle opere, affinché
sappiate e riconosciate che il Padre è in me e io sono nel
Padre».
39 Essi perciò cercavano nuovamente di arrestarlo; ma egli
sfuggì loro dalle mani.
40 Gesù se ne andò di nuovo oltre il Giordano, dove Giovanni
da principio battezzava, e là si trattenne. 41 Molti vennero a
lui e dicevano: «Giovanni, è vero, non fece nessun segno mi-

a *Io ho detto: voi siete dèi,* citazione del Salmo 82:6.

racoloso; ma tutto quello che Giovanni disse di quest'uomo
era vero». 42 E là molti credettero in lui.

Gesù risuscita Lazzaro di Betania

11 C'era un ammalato, un certo Lazzaro di Betania, del vil-
laggio di Maria e di Marta, sua sorella. 2 Maria era quella
che unse il Signore di olio profumato e gli asciugò i piedi con i
suoi capelli; Lazzaro, suo fratello, era malato. 3 Le sorelle dun-
que mandarono a dire a Gesù: «Signore, ecco, colui che tu ami
è malato». 4 Gesù, udito ciò, disse: «Questa malattia non è per
la morte, ma è per la gloria di Dio, affinché per mezzo di essa il
Figlio di Dio sia glorificato».
5 Or Gesù amava Marta e sua sorella e Lazzaro; 6 come ebbe
udito che egli era malato, si trattenne ancora due giorni nel
luogo dove si trovava[a]. 7 Poi disse ai discepoli: «Torniamo in
Giudea!» 8 I discepoli gli dissero: «Rabbì, proprio adesso i
Giudei cercavano di lapidarti, e tu vuoi tornare là?» 9 Gesù
rispose: «Non vi sono dodici ore nel giorno? Se uno cammina
di giorno, non inciampa, perché vede la luce di questo mondo;
10 ma se uno cammina di notte, inciampa, perché la luce non è
in lui». 11 Così parlò; poi disse loro: «Il nostro amico Lazzaro si
è addormentato, ma vado a svegliarlo». 12 Perciò i discepoli gli
dissero: «Signore, se egli dorme sarà salvo». 13 Or Gesù aveva
parlato della morte di lui, ma essi pensarono che avesse parlato
del dormire del sonno. 14 Allora Gesù disse loro apertamente:
«Lazzaro è morto, 15 e per voi mi rallegro di non essere stato là,
affinché crediate; ma ora, andiamo da lui!» 16 Allora Tommaso,
detto Didimo, disse ai condiscepoli: «Andiamo anche noi, per
morire con lui!»
17 Gesù dunque, arrivato, trovò che Lazzaro era già da quat-
tro giorni nel sepolcro. 18 Or Betania distava da Gerusalemme

---

a *Nel luogo dove si trovava,* di là dal Giordano, in Perea (cfr. 10:40); per giungere a Betania occorrevano nove o dieci ore di cammino.

circa quindici stadi[a], 19 e molti Giudei erano andati da Marta e
Maria per consolarle del loro fratello.
20 Come Marta ebbe udito che Gesù veniva, gli andò incontro;
ma Maria stava seduta in casa. 21 Marta dunque disse a Gesù:
«Signore, se tu fossi stato qui, mio fratello non sarebbe morto;
22 ma anche adesso so che tutto quello che chiederai a Dio, Dio
te lo darà». 23 Gesù le disse: «Tuo fratello risusciterà». 24 Marta
gli disse: «Lo so che risusciterà, nella risurrezione, nell'ultimo
giorno». 25 Gesù le disse: «Io sono la risurrezione e la vita; chi
crede in me, anche se muore, vivrà, 26 e chiunque vive e crede
in me, non morirà mai. Credi tu questo?» 27 Ella gli disse: «Sì,
Signore, io credo che tu sei il
Cristo, il Figlio di Dio che doveva venire nel mondo».
28 Detto questo, se ne andò e
chiamò di nascosto Maria, sua
sorella, dicendole: «Il Maestro
è qui, e ti chiama». 29 Ed ella,
udito questo, si alzò in fretta
e andò da lui. 30 Or Gesù non
era ancora entrato nel villaggio,
ma era sempre nel luogo dove
Marta lo aveva incontrato. 31 Perciò i Giudei che erano in casa
con lei e la consolavano, vedendo che Maria si era alzata in
fretta ed era uscita, la seguirono, supponendo che si recasse al
sepolcro a piangere.

» Io sono la risurrezione e la vita; chi crede in me, anche se muore, vivrà; e chiunque vive e crede in me, non morirà mai. (11:25-26)

32 Appena Maria fu giunta dov'era Gesù e lo ebbe visto, gli si
gettò ai piedi dicendogli: «Signore, se tu fossi stato qui, mio
fratello non sarebbe morto». 33 Quando Gesù la vide piangere,
e vide piangere anche i Giudei che erano venuti con lei, fremette nello spirito, si turbò e disse: 34 «Dove lo avete deposto?»
Essi gli dissero: «Signore, vieni a vedere!»
35 Gesù pianse.

---

a *Quindici stadi,* circa tre chilometri.

36 Perciò i Giudei dicevano: «Guarda come lo amava!» 37 Ma
alcuni di loro dicevano: «Non poteva, lui che ha aperto gli occhi al cieco, far sì che questi non morisse?»
38 Gesù dunque, fremendo di nuovo in se stesso, andò al sepolcro. Era una grotta, e una pietra era posta all'apertura. 39 Gesù
disse: «Togliete la pietra!» Marta, la sorella del morto, gli disse: «Signore, egli puzza già, perché siamo al quarto giorno».
40 Gesù le disse: «Non ti ho detto che se credi, vedrai la gloria di
Dio?» 41 Tolsero dunque la pietra. Gesù, alzati gli occhi al cielo,
disse: «Padre, ti ringrazio perché mi hai esaudito. 42 Io sapevo
bene che tu mi esaudisci sempre; ma ho detto questo a motivo della folla che mi circonda, affinché credano che tu mi hai
mandato». 43 Detto questo, gridò ad alta voce: «Lazzaro, vieni
fuori!» 44 Il morto uscì, con i piedi e le mani avvolti da fasce, e il viso coperto da un sudario. Gesù disse loro: «Scioglietelo e lasciatelo andare».
45 Perciò molti dei Giudei che erano venuti da Maria, e che
avevano visto ciò che egli aveva fatto, credettero in lui. 46 Ma
alcuni di loro andarono dai farisei e raccontarono loro quello che Gesù aveva fatto.

Congiura contro Gesù

47 I capi dei sacerdoti e i farisei, quindi, riunirono il sinedrio[a] e dicevano: «Che facciamo? Perché quest'uomo fa molti segni
miracolosi. 48 Se lo lasciamo fare, tutti crederanno in lui; e i Romani verranno e ci distruggeranno come città e come nazione». 49 Uno di loro, Caiafa, che era sommo sacerdote quell'anno, disse loro: «Voi non capite nulla, 50 e non riflettete come
torni a vostro vantaggio che un uomo solo muoia per il popolo
e non perisca tutta la nazione». 51 Ora egli non disse questo di
suo; ma siccome era sommo sacerdote in quell'anno, profetizzò

a *Sinedrio,* consiglio supremo dei Giudei che fungeva da organo governativo e da tribunale per tutte quelle cause che non erano di competenza dei Romani. Comprendeva settanta membri scelti tra i principali sacerdoti, tra gli anziani e gli scribi, e si riuniva sotto la presidenza del sommo sacerdote.

che Gesù doveva morire per la nazione, 52 e non soltanto per la
nazione, ma anche per riunire in uno i figli di Dio dispersi.
53 Da quel giorno dunque deliberarono di farlo morire. 54 Gesù
quindi non andava più apertamente tra i Giudei, ma si ritirò
nella regione vicina al deserto, in una città chiamata Efraim; e
là si trattenne con i suoi discepoli.
55 La Pasqua dei Giudei era vicina, e molti di quella regione
salirono a Gerusalemme prima della Pasqua per purificarsi.
56 Cercavano dunque Gesù; e, stando nel tempio, dicevano tra
di loro: «Che ve ne pare? Verrà alla festa?» 57 Ora i capi dei sa-
cerdoti e i farisei avevano dato ordine che se qualcuno sapesse
dov'egli era, ne facesse denuncia perché potessero arrestarlo.

Maria di Betania unge i piedi di Gesù

12 Gesù dunque, sei giorni prima della Pasqua, andò a
Betania dov'era Lazzaro, che egli aveva risuscitato dai
morti. 2 Qui gli offrirono una cena; Marta serviva e Lazzaro
era uno di quelli che erano a tavola con lui. 3 Allora Maria,
presa una libbra d'olio profumato, di nardo puro, di gran va-
lore, unse i piedi di Gesù e glieli asciugò con i suoi capelli; e
la casa fu piena del profumo dell'olio. 4 Ma Giuda Iscariota,
uno dei suoi discepoli, che stava per tradirlo, disse: 5 «Perché
non si è venduto quest'olio per trecento denari e non si sono
dati ai poveri?» 6 Diceva così non perché si curasse dei poveri,
ma perché era ladro, e tenendo la borsa ne portava via quel-
lo che vi si metteva dentro. 7 Gesù dunque disse: «Lasciala
stare; ella lo ha conservato per il giorno della mia sepoltura.
8 Poiché i poveri li avete sempre con voi; ma me, non mi avete
sempre».
9 Una gran folla di Giudei seppe dunque che egli era lì; e ci
andarono non solo a motivo di Gesù, ma anche per vedere
Lazzaro che egli aveva risuscitato dai morti. 10 Ma i capi dei
sacerdoti deliberarono di far morire anche Lazzaro, 11 perché a
causa sua molti Giudei andavano e credevano in Gesù.

Ingresso trionfale di Gesù a Gerusalemme

12 Il giorno seguente, la gran folla che era venuta alla festa, udi-
to che Gesù veniva a Gerusalemme, 13 prese dei rami di pal-
me, uscì a incontrarlo e gridava: «Osanna![a] *Benedetto colui che
viene nel nome del Signore*[b], il re d'Israele!» 14 Gesù, trovato
un asinello, vi montò sopra, come sta scritto: 15 *«Non temere,
figlia di Sion! Ecco, il tuo re viene, montato sopra un puledro
d'asina!»*[c]
16 I suoi discepoli non compresero subito queste cose; ma
quando Gesù fu glorificato, allora si ricordarono che queste
cose erano state scritte di lui e che essi gliele avevano fatte.
17 La folla dunque, che era con lui quando aveva chiamato
Lazzaro fuori dal sepolcro e lo aveva risuscitato dai morti, ne
rendeva testimonianza. 18 Per questo la folla gli andò incontro,
perché avevano udito che egli aveva fatto quel segno miraco-
loso. 19 Perciò i farisei dicevano tra di loro: «Vedete che non
guadagnate nulla? Ecco, il mondo gli corre dietro!»

Alcuni Greci desiderano vedere Gesù

20 Ora tra quelli che salivano alla festa per adorare c'erano al-
cuni Greci. 21 Questi dunque, avvicinatisi a Filippo, che era
di Betsàida di Galilea, gli fecero questa richiesta: «Signore,
vorremmo vedere Gesù». 22 Filippo andò a dirlo ad Andrea; e
Andrea e Filippo andarono a dirlo a Gesù.

Gesù annuncia la sua crocifissione

23 Gesù rispose loro, dicendo: «L'ora è venuta, che il Figlio
dell'uomo deve essere glorificato. 24 In verità, in verità vi dico
che se il granello di frumento caduto in terra non muore, ri-
mane solo; ma se muore, produce molto frutto. 25 Chi ama la
sua vita la perde, e chi odia la sua vita in questo mondo la con-

---

a *Osanna,* trascrizione di un'espressione ebr. che significa *Salva!,* tratta dal Salmo 118:25; all'epoca era un'esclamazione di gioia o un grido di benvenuto.

b *Benedetto... nome del Signore,* citazione del Salmo 118:26.

c *Non temere... puledro d'asina,* citazione di Zaccaria 9:9.

serverà in vita eterna. 26 Se uno mi serve, mi segua, e là dove
sono io sarà anche il mio servitore; se uno mi serve, il Padre
l'onorerà. 27 Ora l'animo mio è turbato[a]; e che dirò? Padre, sal-
vami da quest'ora? Ma è per questo che sono venuto incontro
a quest'ora. 28 Padre, glorifica il tuo nome!» Allora venne una
voce dal cielo: «L'ho glorificato e lo glorificherò di nuovo!»
29 Perciò la folla che era presente e aveva udito, diceva che era
stato un tuono. Altri dicevano: «Gli ha parlato un angelo».
30 Gesù disse: «Questa voce non è venuta per me, ma per voi. 31 Ora
avviene il giudizio di questo mondo; ora sarà cacciato fuori il prin-
cipe di questo mondo; 32 e io, quando sarò innalzato dalla terra, at-
tirerò tutti a me». 33 Così diceva per indicare di qual morte doveva
morire. 34 La folla quindi gli rispose: «Noi abbiamo udito dalla legge
che il Cristo dimora in eterno; come mai dunque tu dici che il Figlio
dell'uomo deve essere innalzato? Chi è questo Figlio dell'uomo?»
35 Gesù dunque disse loro: «La luce è ancora per poco tempo tra di
voi. Camminate mentre avete la luce, affinché non vi sorprendano le
tenebre; chi cammina nelle tenebre non sa dove va. 36 Mentre avete
la luce, credete nella luce, affinché diventiate figli di luce». Gesù
disse queste cose, poi se ne andò e si nascose da loro.
37 Sebbene avesse fatto tanti segni miracolosi in loro presenza,
non credevano in lui, 38 affinché si adempisse la parola detta dal
profeta Isaia: *«Signore, chi ha creduto alla nostra predicazione?
A chi è stato rivelato il braccio del Signore?»*[b]
39 Perciò non potevano credere, per la ragione detta ancora da
Isaia: 40 *«Egli ha accecato i loro occhi e ha indurito i loro cuori,
affinché non vedano con gli occhi, non comprendano con il cuore,
non si convertano e io non li guarisca»*[c].
41 Queste cose disse Isaia, perché vide la gloria di lui e di lui
parlò.
42 Ciò nonostante molti, anche tra i capi, credettero in lui; ma

---

a *L'animo mio è turbato,* riferimento al Salmo 6:3.
b *Signore... braccio del Signore,* citazione di Isaia 53:1.
c *Egli ha accecato... non li guarisca,* citazione di Isaia 6:9-10.

a causa dei farisei non lo confessavano, per non essere espulsi
dalla sinagoga; 43 perché amarono la gloria degli uomini più
della gloria di Dio.
44 Ma Gesù ad alta voce escla-
mò: «Chi crede in me, crede
non in me, ma in colui che mi
ha mandato; 45 e chi vede me,
vede colui che mi ha mandato.
46 Io sono venuto come luce
nel mondo, affinché chiunque
crede in me non rimanga nelle
tenebre. 47 Se uno ode le mie
parole e non le osserva, io non lo giudico; perché io non sono
venuto a giudicare il mondo, ma a salvare il mondo. 48 Chi mi
respinge e non riceve le mie parole ha chi lo giudica; la parola
che ho annunciata è quella che lo giudicherà nell'ultimo gior-
no. 49 Perché io non ho parlato di mio; ma il Padre, che mi ha
mandato, mi ha comandato lui quello che devo dire e di cui
devo parlare; 50 e so che il suo comandamento è vita eterna. Le
cose dunque che io dico, le dico così come il Padre me le ha
dette».

> Io sono venuto come luce nel mondo, affinché chiunque crede in me non rimanga nelle tenebre. (12:46)

L'ultima cena; Gesù lava i piedi ai suoi discepoli

13 Ora prima della festa di Pasqua, Gesù, sapendo che
era venuta per lui l'ora di passare da questo mondo al
Padre, avendo amato i suoi che erano nel mondo, li amò sino
alla fine.
2 Durante la cena, quando il diavolo aveva già messo in cuore a
Giuda Iscariota, figlio di Simone, di tradirlo, 3 Gesù, sapendo
che il Padre gli aveva dato tutto nelle mani e che era venuto da
Dio e a Dio se ne tornava, 4 si alzò da tavola, depose le sue vesti
e, preso un asciugatoio, se lo cinse. 5 Poi mise dell'acqua in una
bacinella, e cominciò a lavare i piedi ai discepoli e ad asciugarli
con l'asciugatoio del quale era cinto. 6 Si avvicinò dunque a

Simon Pietro, il quale gli disse: «Tu, Signore, lavare i piedi a
me?» 7 Gesù gli rispose: «Tu non sai ora quello che io faccio,
ma lo capirai dopo». 8 Pietro gli disse: «Non mi laverai mai i
piedi!» Gesù gli rispose: «Se non ti lavo, non hai parte alcuna
con me». 9 E Simon Pietro: «Signore, non soltanto i piedi, ma
anche le mani e il capo!» 10 Gesù gli disse: «Chi è lavato tutto
non ha bisogno che di aver lavati i piedi, è tutto quanto puro; e
voi siete puri, ma non tutti». 11 Perché sapeva chi era colui che
lo tradiva; per questo disse: «Non tutti siete puri».
12 Quando dunque ebbe loro lavato i piedi ed ebbe ripreso le
sue vesti, si mise di nuovo a tavola, e disse loro: «Capite quello
che vi ho fatto? 13 Voi mi chiamate Maestro e Signore; e dite
bene, perché lo sono. 14 Se dunque io, che sono il Signore e il
Maestro, vi ho lavato i piedi, anche voi dovete lavare i piedi gli
uni agli altri. 15 Infatti vi ho dato un esempio, affinché anche
voi facciate come vi ho fatto io. 16 In verità, in verità vi dico
che il servo non è maggiore del suo signore, né il messaggero è
maggiore di colui che lo ha mandato. 17 Se sapete queste cose,
siete beati se le fate.

Gesù annuncia il tradimento di Giuda

18 «Non parlo di voi tutti: io conosco quelli che ho scelti; ma
così è affinché sia adempiuta la Scrittura: *"Colui che mangia il
mio pane, ha levato contro di me il suo calcagno"*[a].
19 Ve lo dico fin d'ora, prima che accada; affinché quando sarà
accaduto, voi crediate che io sono[b].
20 In verità, in verità vi dico: chi riceve colui che io avrò mandato riceve me, e chi riceve me riceve colui che mi ha mandato».
21 Dette queste cose, Gesù fu turbato nello spirito, e apertamente dichiarò così: «In verità, in verità vi dico che uno di
voi mi tradirà». 22 I discepoli si guardavano l'un l'altro, non
sapendo di chi parlasse. 23 Ora, a tavola, inclinato sul petto di

a *Colui che... il suo calcagno,* citazione del Salmo 41:9.
b *Io sono,* allusione al nome stesso di Dio (cfr. Esodo 3:14; Ebrei 13:8).

Gesù, stava uno dei discepoli, quello che Gesù amava. 24 Simon
Pietro gli fece cenno di domandare chi fosse colui del quale
parlava. 25 Egli, chinatosi così sul petto di Gesù, gli domandò:
«Signore, chi è?» 26 Gesù rispose: «È quello al quale darò il
boccone dopo averlo intinto». E, intinto il boccone, lo diede
a Giuda, figlio di Simone Iscariota. 27 Allora, dopo il bocco-
ne, Satana entrò in lui. Per cui Gesù gli disse: «Quel che fai,
fallo presto». 28 Ma nessuno dei commensali comprese perché
gli avesse detto così. 29 Difatti alcuni pensavano che, siccome
Giuda teneva la borsa, Gesù gli avesse detto: «Compra quel
che ci occorre per la festa»; oppure che desse qualcosa ai pove-
ri. 30 Egli dunque, preso il boccone, uscì subito; ed era notte.
31 Quando egli fu uscito,
Gesù disse: «Ora il Figlio
dell'uomo è glorificato e Dio
è glorificato in lui. 32 Se Dio è
glorificato in lui, Dio lo glo-
rificherà anche in se stesso, e
lo glorificherà presto.
33 Figlioli, è per poco che
sono ancora con voi. Voi mi
cercherete; e, come ho detto
ai Giudei: "Dove vado io,
voi non potete venire", così
lo dico ora a voi. 34 Io vi do
un nuovo comandamento:
che vi amiate gli uni gli altri. Come io vi ho amati, anche voi
amatevi gli uni gli altri. 35 Da questo conosceranno tutti che
siete miei discepoli: se avete amore gli uni per gli altri».

« Io vi do un nuovo comandamento: che vi amiate gli uni gli altri. Come io vi ho amati, anche voi amatevi gli uni gli altri. Da questo conosceranno tutti che siete miei discepoli: se avete amore gli uni per gli altri. (13:34-35)

Gesù annuncia il rinnegamento di Pietro

36 Simon Pietro gli domandò: «Signore, dove vai?» Gesù gli
rispose: «Dove vado io non puoi seguirmi per ora, ma mi se-
guirai più tardi». 37 Pietro gli disse: «Signore, perché non posso

seguirti ora? Darò la mia vita per te!» 38 Gesù rispose: «Darai
la tua vita per me? In verità, in verità ti dico che il gallo non
canterà prima che tu non mi abbia rinnegato tre volte».

Gesù consola gli apostoli: egli ritornerà da loro

14 «Il vostro cuore non sia turbato; credete in Dio, e cre-
dete anche in me!
2 Nella casa del Padre mio ci sono molte dimore; se no, vi avrei
detto forse che io vado a prepararvi un luogo? 3 Quando sarò
andato e vi avrò preparato un luogo, tornerò e vi accoglierò
presso di me, affinché dove sono io, siate anche voi; 4 e del
luogo dove io vado, sapete anche la via».
5 Tommaso gli disse: «Signore, non sappiamo dove vai; come
possiamo sapere la via?» 6 Gesù
gli disse: «Io sono la via, la ve-
rità e la vita; nessuno viene al
Padre se non per mezzo di me.
7 Se avete conosciuto me, cono-
scerete anche mio Padre; e fin
da ora lo conoscete, e l'avete
visto».

» Io sono la via, la verità e la vita; nessuno viene al Padre se non per mezzo di me. (14:6)

8 Filippo gli disse: «Signore,
mostraci il Padre e ci basta». 9 Gesù gli disse: «Da tanto tempo
sono con voi e tu non mi hai conosciuto, Filippo? Chi ha visto
me, ha visto il Padre; come mai tu dici: "Mostraci il Padre"?
10 Non credi tu che io sono nel Padre e che il Padre è in me?
Le parole che io vi dico, non le dico di mio; ma il Padre che
dimora in me fa le opere sue. 11 Credetemi: io sono nel Padre e
il Padre è in me; se no, credete a causa di quelle stesse opere.
12 In verità, in verità vi dico che chi crede in me farà anch'egli
le opere che faccio io, e ne farà di maggiori, perché io me ne
vado al Padre; 13 e quello che chiederete nel mio nome lo farò,
affinché il Padre sia glorificato nel Figlio. 14 Se mi chiederete
qualche cosa nel mio nome, io la farò.

Gesù promette lo Spirito Santo
15 «Se voi mi amate, osserverete i miei comandamenti; 16 e io
pregherò il Padre, ed egli vi darà un altro Consolatore perché
sia con voi per sempre: 17 lo Spirito della verità, che il mondo
non può ricevere perché non lo vede e non lo conosce. Voi lo
conoscete, perché dimora con voi, e sarà in voi. 18 Non vi lasce-
rò orfani; tornerò da voi. 19 Ancora un po' e il mondo non mi
vedrà più; ma voi mi vedrete, perché io vivo, e voi vivrete. 20 In
quel giorno conoscerete che io sono nel Padre mio, e voi in
me, e io in voi. 21 Chi ha i miei
comandamenti e li osserva,
quello mi ama; e chi mi ama
sarà amato dal Padre mio, e
io lo amerò e mi manifesterò
a lui».
22 Giuda (non l'Iscariota) gli
domandò: «Signore, come
mai ti manifesterai a noi e non
al mondo?» 23 Gesù gli rispo-
se: «Se uno mi ama, osserverà
la mia parola; e il Padre mio lo amerà, e noi verremo da lui e
dimoreremo presso di lui. 24 Chi non mi ama non osserva le mie
parole; e la parola che voi udite non è mia, ma è del Padre che
mi ha mandato.
25 Vi ho detto queste cose, stando ancora con voi; 26 ma il
Consolatore, lo Spirito Santo, che il Padre manderà nel mio nome,
vi insegnerà ogni cosa e vi ricorderà tutto quello che vi ho detto.
27 Vi lascio pace; vi do la mia pace. Io non vi do come il mondo
dà. Il vostro cuore non sia turbato e non si sgomenti.
28 Avete udito che vi ho detto: "Io me ne vado, e torno da voi";
se voi mi amaste, vi rallegrereste che io vada al Padre, perché
il Padre è maggiore di me. 29 Ora ve l'ho detto prima che av-
venga, affinché, quando sarà avvenuto, crediate. 30 Io non par-
lerò più con voi per molto, perché viene il principe del mondo.

Chi ha i miei comandamenti e li osserva, quello mi ama; e chi mi ama sarà amato dal Padre mio, e io lo amerò e mi manifesterò a lui. (14:21)

Egli non può nulla contro di me; 31 ma così avviene affinché il
mondo conosca che amo il Padre e opero come il Padre mi ha
ordinato. Alzatevi, andiamo via di qui.

La vite e i tralci

15 «Io sono la vera vite e il Padre mio è il vignaiuolo. 2 Ogni
tralcio che in me non dà frutto lo toglie via, e ogni tralcio
che dà frutto lo pota affinché ne dia di più. 3 Voi siete già puri
a causa della parola che vi ho annunciata. 4 Dimorate in me, e
io dimorerò in voi. Come il tralcio non può da sé dare frutto
se non rimane nella vite, così neppure voi se non dimorate in
me. 5 Io sono la vite, voi siete i tralci. Colui che dimora in me,
e nel quale io dimoro, porta molto frutto; perché senza di me

> Se dimorate in me e le mie parole dimorano in voi, domandate quello che volete e vi sarà fatto. (15:7)

non potete fare nulla. 6 Se uno
non dimora in me, è gettato via
come il tralcio, e si secca; questi
tralci si raccolgono, si gettano
nel fuoco e si bruciano. 7 Se
dimorate in me e le mie parole dimorano in voi, domandate
quello che volete e vi sarà fatto.
8 In questo è glorificato il Padre mio: che portiate molto frutto,
così sarete miei discepoli.
9 Come il Padre mi ha amato, così anch'io ho amato voi; dimorate nel mio amore.
10 Se osservate i miei comandamenti, dimorerete nel mio amore, come io ho osservato i comandamenti del
Padre mio e dimoro nel suo amore.
11 Vi ho detto queste cose,
affinché la mia gioia sia in voi e la vostra gioia sia completa.
12 Questo è il mio comandamento: che vi amiate gli uni gli altri,
come io ho amato voi.
13 Nessuno ha amore più grande di quello di dare la sua vita per i suoi amici.
14 Voi siete miei amici, se
fate le cose che io vi comando.
15 Io non vi chiamo più servi,
perché il servo non sa quello che fa il suo signore; ma vi ho
chiamati amici, perché vi ho fatto conoscere tutte le cose che

ho udite dal Padre mio. 16 Non siete voi che avete scelto me,
ma sono io che ho scelto voi, e vi ho costituiti perché andiate e
portiate frutto, e il vostro frutto rimanga; affinché tutto quello
che chiederete al Padre, nel mio nome, egli ve lo dia. 17 Questo
vi comando: che vi amiate gli uni gli altri.

L'odio del mondo verso coloro che credono in Cristo

18 «Se il mondo vi odia, sapete bene che prima di voi ha odiato
me. 19 Se foste del mondo, il mondo amerebbe quello che è suo;
siccome non siete del mondo, ma io ho scelto voi in mezzo al
mondo, per questo il mondo vi odia. 20 Ricordatevi della parola
che vi ho detta: "Il servo non è più grande del suo signore". Se
hanno perseguitato me, perseguiteranno anche voi; se hanno
osservato la mia parola, osserveranno anche la vostra. 21 Ma
tutto questo ve lo faranno a causa del mio nome, perché non
conoscono colui che mi ha mandato. 22 Se non fossi venuto e
non avessi parlato, loro non avrebbero colpa; ma ora non han-
no scusa per il loro peccato. 23 Chi odia me, odia anche il Padre
mio. 24 Se non avessi fatto tra di loro le opere che nessun altro
ha mai fatte, non avrebbero colpa; ma ora le hanno viste, e han-
no odiato me e il Padre mio. 25 Ma questo è avvenuto affinché
si adempisse la parola scritta nella loro legge: *"Mi hanno odiato
senza motivo"*[a].
26 Quando sarà venuto il Consolatore che io vi manderò da
parte del Padre, lo Spirito della verità che procede dal Padre,
egli testimonierà di me; 27 e anche voi renderete testimonianza,
perché siete stati con me fin dal principio.

Gesù avverte i suoi delle persecuzioni future

16 «Io vi ho detto queste cose affinché non siate sviati. 2 Vi
espelleranno dalle sinagoghe; anzi, l'ora viene che chiun-
que vi ucciderà, crederà di rendere un culto a Dio. 3 Faranno

a *Mi hanno odiato senza motivo,* citazione del Salmo 35:19; 69:4; il termine *legge* poteva indicare l'insieme dell'Antico Testamento.

questo perché non hanno conosciuto né il Padre né me. 4 Ma
io vi ho detto queste cose affinché, quando sia giunta la loro
ora, vi ricordiate che ve le ho dette. Non ve le dissi da principio
perché ero con voi.

Lo Spirito agisce nel mondo e nei discepoli

5 «Ma ora vado a colui che mi ha mandato; e nessuno di voi
mi domanda: "Dove vai?" 6 Invece, perché vi ho detto queste
cose, la tristezza vi ha riempito il cuore. 7 Eppure, io vi dico la
verità: è utile per voi che io me ne vada; perché se non me ne
vado, non verrà a voi il Consolatore; ma se me ne vado, io ve
lo manderò. 8 Quando sarà venuto, convincerà il mondo quan-
to al peccato, alla giustizia e al giudizio. 9 Quanto al peccato,
perché non credono in me; 10 quanto alla giustizia, perché vado
al Padre e non mi vedrete più; 11 quanto al giudizio, perché il
principe di questo mondo[a] è stato giudicato.
12 Ho ancora molte cose da dirvi, ma non sono per ora alla
vostra portata; 13 quando però sarà venuto lui, lo Spirito della
verità, egli vi guiderà in tutta la verità, perché non parlerà di
suo, ma dirà tutto quello che avrà udito, e vi annuncerà le cose
a venire. 14 Egli mi glorificherà perché prenderà del mio e ve lo
annuncerà. 15 Tutte le cose che ha il Padre, sono mie; per que-
sto ho detto che prenderà del mio e ve lo annuncerà.

Gesù parla della sua morte, della sua risurrezione e della sua venuta

16 «Tra poco non mi vedrete più; e tra un altro poco mi ve-
drete». 17 Allora alcuni dei suoi discepoli dissero tra di loro:
«Che cos'è questo che ci dice: "Tra poco non mi vedrete più"
e: "Tra un altro poco mi vedrete" e: "Perché vado al Padre"?»
18 Dicevano dunque: «Che cos'è questo "tra poco" che egli
dice? Noi non sappiamo quello che egli voglia dire».
19 Gesù comprese che volevano interrogarlo e disse loro: «Voi

---

a *Principe di questo mondo,* cioè Satana.

vi domandate l'un l'altro che cosa significano quelle mie pa-
role: "Tra poco non mi vedrete più" e: "Tra un altro poco mi
vedrete"? 20 In verità, in verità vi dico che voi piangerete e fa-
rete cordoglio, e il mondo si rallegrerà. Sarete rattristati, ma
la vostra tristezza sarà cambiata in gioia. 21 La donna, quando
partorisce, prova dolore perché è venuta la sua ora; ma quan-
do ha dato alla luce il bambino, non si ricorda più dell'ango-
scia, per la gioia che sia venuta al mondo una creatura umana.
22 Così anche voi siete ora nel dolore; ma io vi vedrò di nuovo e
il vostro cuore si rallegrerà, e nessuno vi toglierà la vostra gioia.
23 In quel giorno non mi rivolgerete alcuna domanda. In verità,
in verità vi dico che qualsiasi cosa domanderete al Padre nel
mio nome, egli ve la darà. 24 Fino ad ora non avete chiesto nul-
la nel mio nome; chiedete e
riceverete, affinché la vostra
gioia sia completa.
25 Vi ho detto queste cose
in similitudini; l'ora viene
che non vi parlerò più in si-
militudini, ma apertamente
vi farò conoscere il Padre.
26 In quel giorno chiederete
nel mio nome; e non vi dico
che io pregherò il Padre per
voi, 27 poiché il Padre stesso
vi ama, perché mi avete ama-
to e avete creduto che sono
proceduto da Dio. 28 Sono
proceduto dal Padre e sono
venuto nel mondo; ora lascio il mondo, e vado al Padre».
29 I suoi discepoli dissero: «Ecco, adesso tu parli apertamen-
te e non usi similitudini. 30 Ora sappiamo che sai ogni cosa e
non hai bisogno che nessuno ti interroghi; perciò crediamo che
sei proceduto da Dio». 31 Gesù rispose loro: «Adesso credete?

io ti amo

E non c'è niente che non farei per te.
Perché quello che provo per te non è un amore universale, non è un amore che dovrai dividere con tutta l'umanità.
Il mio amore verso di te è un amore personale e unico, solo tuo.
Com'è possibile?
Dai, sono Dio: per me niente è impossibile.
Dimmi di sì e scoprirai emozioni nuove che il tuo cuore ha sempre sognato, scaturite da quell'amore che non vedrà mai la parola fine.

32 L'ora viene, anzi è venuta, che sarete dispersi, ciascuno per
conto suo, e mi lascerete solo; ma io non sono solo, perché il
Padre è con me. 33 Vi ho detto queste cose, affinché abbiate
pace in me. Nel mondo avete tribolazione; ma fatevi coraggio,
io ho vinto il mondo».

La preghiera sacerdotale

17 Gesù disse queste cose; poi, alzati gli occhi al cielo, dis-
se: «Padre, l'ora è venuta; glorifica tuo Figlio, affinché
il Figlio glorifichi te, 2 poiché gli hai dato autorità su ogni car-
ne, perché egli dia vita eterna a tutti quelli che tu gli hai dati.
3 Questa è la vita eterna: che conoscano te, il solo vero Dio,
e colui che tu hai mandato, Gesù Cristo. 4 Io ti ho glorificato
sulla terra, avendo compiuto l'opera che tu mi hai data da fare.
5 Ora, o Padre, glorificami tu presso di te della gloria che avevo
presso di te prima che il mondo esistesse.
6 Io ho manifestato il tuo nome agli uomini che tu mi hai dati
dal mondo; erano tuoi e tu me li hai dati; ed essi hanno osser-
vato la tua parola. 7 Ora hanno conosciuto che tutte le cose che
mi hai date vengono da te; 8 poiché le parole che tu mi hai date
le ho date a loro; ed essi le hanno ricevute e hanno veramente
conosciuto che io sono proceduto da te, e hanno creduto che
tu mi hai mandato. 9 Io prego per loro; non prego per il mondo,
ma per quelli che tu mi hai dati, perché sono tuoi. 10 E tutte le
cose mie sono tue, e le cose tue sono mie; e io sono glorificato
in loro. 11 Io non sono più nel mondo, ma essi sono nel mondo,
e io vengo a te. Padre santo, conservali nel tuo nome, quelli
che tu mi hai dati, affinché siano uno, come noi. 12 Mentre io
ero con loro, io li conservavo nel tuo nome; quelli che tu mi
hai dati, li ho anche custoditi, e nessuno di loro è perito, tran-
ne il figlio di perdizione, affinché la Scrittura fosse adempiuta.
13 Ma ora io vengo a te; e dico queste cose nel mondo, affinché
abbiano compiuta in se stessi la mia gioia. 14 Io ho dato loro la
tua parola; e il mondo li ha odiati, perché non sono del mon-

do, come io non sono del mondo. 15 Non prego che tu li tolga
dal mondo, ma che tu li preservi dal maligno. 16 Essi non sono
del mondo, come io non sono
del mondo. 17 Santificali nella
verità: la tua parola è verità.
18 Come tu hai mandato me
nel mondo, anch'io ho man-
dato loro nel mondo. 19 Per loro io santifico me stesso, affinché
anch'essi siano santificati nella verità.

> …la tua parola è verità. (17:17)

20 Non prego soltanto per questi, ma anche per quelli che cre-
dono in me per mezzo della loro parola: 21 che siano tutti uno;
e come tu, o Padre, sei in me e io sono in te, anch'essi siano
in noi, affinché il mondo creda che tu mi hai mandato. 22 Io
ho dato loro la gloria che tu hai data a me, affinché siano uno,
come noi siamo uno; 23 io in loro e tu in me, affinché siano
perfetti nell'unità e affinché il mondo conosca che tu mi hai
mandato, e che li hai amati come hai amato me. 24 Padre, io vo-
glio che dove sono io, siano con me anche quelli che tu mi hai
dati, affinché vedano la mia gloria che tu mi hai data; poiché mi
hai amato prima della fondazione del mondo. 25 Padre giusto,
il mondo non ti ha conosciuto, ma io ti ho conosciuto; e questi
hanno conosciuto che tu mi hai mandato. 26 E io ho fatto loro
conoscere il tuo nome, e lo farò conoscere, affinché l'amore del
quale tu mi hai amato sia in loro, e io in loro».

Gesù viene tradito e arrestato

18 Dette queste cose, Gesù uscì con i suoi discepoli e andò
di là dal torrente Chidron, dove c'era un giardino, nel
quale entrò con i suoi discepoli.
2 Anche Giuda, colui che lo tradiva, conosceva quel luogo, per-
ché Gesù si era spesso riunito là con i suoi discepoli. 3 Giuda
dunque, presa la coorte e le guardie mandate dai capi dei sacer-
doti e dai farisei, andò là con lanterne, torce e armi.
4 Ma Gesù, ben sapendo tutto quello che stava per accader-

gli, uscì e chiese loro: «Chi cercate?» 5 Gli risposero: «Gesù il
Nazareno!» Egli disse loro: «Io sono[a]». Giuda, che lo tradiva,
era anch'egli là con loro. 6 Appena Gesù ebbe detto loro: «Io
sono», indietreggiarono e caddero in terra.
7 Egli dunque domandò loro di nuovo: «Chi cercate?» Essi
dissero: «Gesù il Nazareno». 8 Gesù rispose: «Vi ho detto che
sono io; se dunque cercate me, lasciate andare questi». 9 E ciò
affinché si adempisse la parola che egli aveva detta: «Di quelli
che tu mi hai dati, non ne ho perduto nessuno».
10 Allora Simon Pietro, che aveva una spada, la prese e col-
pì il servo del sommo sacerdote, recidendogli l'orecchio de-
stro. Quel servo si chiamava Malco. 11 Ma Gesù disse a Pietro:
«Rimetti la spada nel fodero; non berrò forse il calice che il
Padre mi ha dato?»

Gesù è fatto comparire davanti al sommo sacerdote

12 La coorte, dunque, il tribuno e le guardie dei Giudei presero
Gesù e lo legarono, 13 e lo condussero prima da Anna, perché
era suocero di Caiafa, che era sommo sacerdote di quell'anno.
14 Ora Caiafa era quello che aveva consigliato ai Giudei essere
cosa utile che un uomo solo morisse per il popolo.

Gesù rinnegato tre volte da Pietro

15 Intanto Simon Pietro e un altro discepolo seguivano Gesù; e
quel discepolo era noto al sommo sacerdote, ed entrò con Gesù
nel cortile del sommo sacerdote; 16 Pietro invece stava fuori, alla
porta. Allora quell'altro discepolo, che era noto al sommo sacer-
dote, uscì, parlò con la portinaia e fece entrare Pietro. 17 La serva
portinaia dunque disse a Pietro: «Non sei anche tu dei discepoli
di quest'uomo?» Egli rispose: «Non lo sono». 18 Ora i servi e le
guardie, siccome faceva freddo, avevano acceso un fuoco e sta-
vano là a scaldarsi, e anche Pietro stava con loro a scaldarsi.
19 Il sommo sacerdote dunque interrogò Gesù intorno ai suoi

a *Io sono,* allusione al nome stesso di Dio (cfr. 8:58; Esodo 3:14; Ebrei 13:8).

discepoli e alla sua dottrina. 20 Gesù gli rispose: «Io ho parlato
apertamente al mondo; ho sempre insegnato nelle sinagoghe
e nel tempio, dove tutti i Giudei si radunano, e non ho detto
nulla in segreto. 21 Perché mi interroghi? Domanda a quelli che
mi hanno udito, quello che ho detto loro; ecco, essi sanno le
cose che ho dette». 22 Ma appena ebbe detto questo, una delle
guardie che gli stava vicino dette uno schiaffo a Gesù, dicendo:
«Così rispondi al sommo sacerdote?» 23 Gesù gli rispose: «Se
ho parlato male, dimostra il male che ho detto; ma se ho parla-
to bene, perché mi percuoti?»
24 Quindi Anna lo mandò legato a Caiafa, sommo sacerdote.
25 Intanto Simon Pietro stava là a scaldarsi, e gli dissero: «Non
sei anche tu uno dei suoi discepoli?» Egli lo negò e disse: «Non
lo sono». 26 Uno dei servi del sommo sacerdote, parente di
quello a cui Pietro aveva tagliato l'orecchio, disse: «Non ti ho
forse visto nel giardino con lui?» 27 E Pietro da capo lo negò, e
subito il gallo cantò.

Gesù davanti a Pilato

28 Poi, da Caiafa, condussero Gesù nel pretorio. Era mattina,
ed essi non entrarono nel pretorio per non contaminarsi[a] e po-
ter così mangiare la Pasqua. 29 Pilato dunque andò fuori verso
di loro e domandò: «Quale accusa portate contro quest'uo-
mo?» 30 Essi gli risposero: «Se costui non fosse un malfatto-
re, non te lo avremmo dato nelle mani». 31 Pilato quindi disse
loro: «Prendetelo voi e giudicatelo secondo la vostra legge».
I Giudei gli dissero: «A noi non è lecito far morire nessuno».
32 E ciò affinché si adempisse la parola che Gesù aveva detta,
indicando di quale morte doveva morire.
33 Pilato dunque rientrò nel pretorio; chiamò Gesù e gli dis-
se: «Sei tu il re dei Giudei?» 34 Gesù rispose: «Dici questo di
tuo, oppure altri te l'hanno detto di me?» 35 Pilato gli rispose:
«Sono io forse Giudeo? La tua nazione e i capi dei sacerdoti ti

---

a *Contaminarsi,* secondo la tradizione il contatto con i non Giudei rendeva impuri.

hanno consegnato a me; che cosa hai fatto?» 36 Gesù rispose:
«Il mio regno non è di questo mondo; se il mio regno fosse di
questo mondo, i miei servitori combatterebbero perché io non
fossi consegnato ai Giudei; ma ora il mio regno non è di qui».
37 Allora Pilato gli disse: «Ma dunque, sei tu re?» Gesù rispose:
«Tu lo dici, sono re; io sono nato per questo e per questo sono
venuto nel mondo: per testimoniare della verità. Chiunque è
dalla verità ascolta la mia voce». 38 Pilato gli disse: «Che cos'è
verità?»

Liberazione di Barabba; condanna di Gesù

E detto questo, uscì di nuovo verso i Giudei e disse loro: «Io
non trovo colpa in lui. 39 Ma voi avete l'usanza che io vi liberi
uno per la Pasqua; volete dunque che vi liberi il re dei Giudei?»
40 Allora gridarono di nuovo: «Non costui, ma Barabba!» Ora,
Barabba era un ladrone.

Gesù coronato di spine

19 Allora Pilato prese Gesù e lo fece flagellare.
2 I soldati, intrecciata una corona di spine, gliela pose-
ro sul capo e gli misero addosso un manto di porpora; e si
accostavano a lui e dicevano: 3 «Salve, re dei Giudei!» E lo
schiaffeggiavano.
4 Pilato uscì di nuovo e disse loro: «Ecco, ve lo conduco fuori,
affinché sappiate che non trovo in lui nessuna colpa». 5 Gesù
dunque uscì, portando la corona di spine e il manto di porpo-
ra. Pilato disse loro: «Ecco l'uomo!»
6 Come dunque i capi dei sacerdoti e le guardie lo ebbero vi-
sto, gridarono: «Crocifiggilo, crocifiggilo!» Pilato disse loro:
«Prendetelo voi e crocifiggetelo; perché io non trovo in lui al-
cuna colpa». 7 I Giudei gli risposero: «Noi abbiamo una legge,
e secondo questa legge egli deve morire, perché si è fatto Figlio
di Dio».
8 Quando Pilato udì questa parola, ebbe ancora più paura;

9 e rientrato nel pretorio, disse a Gesù: «Di dove sei tu?» Ma
Gesù non gli diede alcuna risposta. 10 Allora Pilato gli disse:
«Non mi parli? Non sai che ho il potere di liberarti e il potere
di crocifiggerti?» 11 Gesù gli rispose: «Tu non avresti alcuna
autorità su di me, se ciò non ti fosse stato dato dall'alto; perciò
chi mi ha dato nelle tue mani ha maggior colpa».
12 Da quel momento Pilato cercava di liberarlo; ma i Giudei
gridavano, dicendo: «Se liberi costui non sei amico di Cesare.
Chiunque si fa re si oppone a Cesare». 13 Pilato dunque, udite
queste parole, condusse fuori Gesù e si mise a sedere in tri-
bunale nel luogo detto Lastrico[a], e in ebraico Gabbatà[b]. 14 Era
la preparazione della Pasqua, ed era l'ora sesta[c]. Egli disse ai
Giudei: «Ecco il vostro re!» 15 Allora essi gridarono: «Toglilo,
toglilo di mezzo, crocifiggilo!» Pilato disse loro: «Crocifiggerò
il vostro re?» I capi dei sacerdoti risposero: «Noi non abbiamo
altro re che Cesare». 16 Allora lo consegnò loro perché fosse
crocifisso.

La crocifissione di Gesù

17 Presero dunque Gesù; e, portando egli stesso la croce, si av-
viò verso il luogo detto del Teschio, che in ebraico si chiama
Golgota, 18 dove lo crocifissero assieme ad altri due, uno di
qua, l'altro di là, e Gesù nel mezzo.
19 Pilato fece pure un'iscrizione e la pose sulla croce. V'era
scritto: «Gesù il Nazareno, il re dei Giudei». 20 Molti Giudei
lessero questa iscrizione, perché il luogo dove Gesù fu croci-
fisso era vicino alla città; e l'iscrizione era in ebraico, in latino
e in greco. 21 Perciò i capi dei sacerdoti dei Giudei dicevano a
Pilato: «Non scrivere: "Il re dei Giudei"; ma che egli ha detto:

---

a *Lastrico,* luogo situato fuori del Pretorio e il cui nome era dovuto probabilmente a un pavimento particolare.

b *Gabbatà,* lett. *collinetta, altura*; ciò indica la natura del luogo. *Gabbatà* non è la traduzione del termine gr. che significa *Lastrico.*

c *Ora sesta,* probabilmente le sei del mattino (cfr. Marco 15:25); qui, senza dubbio, Giovanni segue il computo romano del tempo.

"Io sono il re dei Giudei"». 22 Pilato rispose: «Quello che ho
scritto, ho scritto».
23 I soldati dunque, quando ebbero crocifisso Gesù, presero
le sue vesti e ne fecero quattro parti, una parte per ciascun
soldato, e anche la tunica. La tunica era senza cuciture, tessu-
ta per intero dall'alto in basso. 24 Dissero dunque tra di loro:
«Non stracciamola, ma tiriamo a sorte a chi tocchi»; affinché
si adempisse la Scrittura che dice: *«Hanno spartito fra loro le
mie vesti e hanno tirato a sorte la mia tunica»*[a]. Questo fecero
dunque i soldati.
25 Presso la croce di Gesù stavano sua madre e la sorella di sua
madre, Maria di Cleopa e Maria Maddalena. 26 Gesù dunque,
vedendo sua madre e presso di lei il discepolo che egli amava,
disse a sua madre: «Donna, ecco tuo figlio!» 27 Poi disse al di-
scepolo: «Ecco tua madre!» E da quel momento, il discepolo
la prese in casa sua.
28 Dopo questo, Gesù, sapendo che ogni cosa era già compiuta,
affinché si adempisse la Scrittura[b], disse: «Ho sete». 29 C'era
lì un vaso pieno d'aceto; posta dunque una spugna imbevuta
d'aceto in cima a un ramo d'issopo, l'accostarono alla sua boc-
ca. 30 Quando Gesù ebbe preso l'aceto, disse: «È compiuto!»
E chinato il capo rese lo spirito.
31 Allora i Giudei, perché i corpi non rimanessero sulla croce
durante il sabato (poiché era la Preparazione[c] e quel sabato era
un gran giorno), chiesero a Pilato che fossero loro spezzate le
gambe e fossero portati via. 32 I soldati dunque vennero e spez-
zarono le gambe al primo, e poi anche all'altro che era crocifisso
con lui; 33 ma giunti a Gesù, lo videro già morto e non gli spez-
zarono le gambe, 34 ma uno dei soldati gli forò il costato con una
lancia, e subito ne uscì sangue e acqua. 35 Colui che lo ha visto,

a *Hanno spartito... la mia tunica,* citazione del Salmo 22:18.

b *La Scrittura,* probabile allusione al Salmo 69:21 (vd. anche Salmo 22:15).

c *La Preparazione,* la preparazione della Pasqua, cioè il venerdì; i Giudei facevano decorrere i giorni da un tramonto a quello successivo, quindi il sabato iniziava al tramonto del venerdì.

ne ha reso testimonianza, e la sua testimonianza è vera; ed egli
sa che dice il vero, affinché anche voi crediate. 36 Poiché questo
è avvenuto affinché si adempisse la Scrittura: *«Nessun osso di
lui sarà spezzato»*[a]. 37 E un'altra Scrittura dice: *«Volgeranno lo
sguardo a colui che hanno trafitto»*[b].

Il seppellimento di Gesù

38 Dopo queste cose, Giuseppe d'Arimatea, che era discepolo
di Gesù, ma in segreto per timore dei Giudei, chiese a Pilato
di poter prendere il corpo di Gesù, e Pilato glielo permise.
Egli dunque venne e prese il corpo di Gesù. 39 Nicodemo,
quello che in precedenza era andato da Gesù di notte, ven-
ne anch'egli, portando una mistura di mirra e d'aloe di circa
cento libbre. 40 Essi dunque presero il corpo di Gesù e lo
avvolsero in fasce con gli aromi, secondo il modo di seppellire
in uso presso i Giudei. 41 Nel luogo dove egli era stato croci-
fisso c'era un giardino, e in quel giardino un sepolcro nuovo,
dove nessuno era ancora stato deposto. 42 Là dunque depo-
sero Gesù, a motivo della Preparazione dei Giudei, perché il
sepolcro era vicino.

La risurrezione di Gesù

20 Il primo giorno della settimana, la mattina presto, men-
tre era ancora buio, Maria Maddalena andò al sepolcro
e vide la pietra tolta dal sepolcro. 2 Allora corse verso Simon
Pietro e l'altro discepolo che Gesù amava, e disse loro: «Hanno
tolto il Signore dal sepolcro e non sappiamo dove l'abbiano
messo».
3 Pietro e l'altro discepolo uscirono dunque e si avviarono al
sepolcro. 4 I due correvano assieme, ma l'altro discepolo corse
più veloce di Pietro e giunse primo al sepolcro; 5 e, chinatosi,

a *Nessun osso… spezzato,* raccomandazione che era stata fatta nell'Antico Testamento a proposito dell'agnello pasquale (Esodo 12:46; Numeri 9:12) e del giusto (Salmo 34:20).
b *Volgeranno lo sguardo… trafitto,* citazione di Zaccaria 12:10.

vide le fasce per terra, ma non entrò. 6 Giunse intanto anche
Simon Pietro, che lo seguiva, ed entrò nel sepolcro, e vide le
fasce per terra 7 e il sudario, che era stato sul capo di Gesù, non
per terra con le fasce, ma piegato in un luogo a parte. 8 Allora
entrò anche l'altro discepolo che era giunto per primo al sepolcro, e vide, e credette. 9 Perché non avevano ancora capito la
Scrittura, secondo la quale egli doveva risuscitare dai morti. 10 I
discepoli dunque se ne tornarono a casa.

Gesù appare a Maria Maddalena

11 Maria, invece, se ne stava fuori vicino al sepolcro a piangere.
Mentre piangeva, si chinò a guardare dentro il sepolcro, 12 ed
ecco, vide due angeli, vestiti di bianco, seduti uno al capo e
l'altro ai piedi, lì dov'era stato il corpo di Gesù. 13 Ed essi le
dissero: «Donna, perché piangi?» Ella rispose loro: «Perché
hanno tolto il mio Signore e non so dove l'abbiano deposto».
14 Detto questo, si voltò indietro e vide Gesù in piedi; ma non
sapeva che fosse Gesù. 15 Gesù le disse: «Donna, perché piangi?
Chi cerchi?» Ella, pensando che fosse il giardiniere, gli disse:
«Signore, se tu l'hai portato via, dimmi dove l'hai deposto, e io
lo prenderò». 16 Gesù le disse: «Maria!» Ella, voltatasi, gli disse in ebraico: «Rabbunì!», che vuol dire: «Maestro!» 17 Gesù
le disse: «Non trattenermi, perché non sono ancora salito al
Padre; ma va' dai miei fratelli e di' loro: "Io salgo al Padre mio
e Padre vostro, al Dio mio e Dio vostro"». 18 Maria Maddalena
andò ad annunciare ai discepoli che aveva visto il Signore e che
egli le aveva detto queste cose.

Gesù appare ai discepoli; Tommaso non è con loro

19 La sera di quello stesso giorno, che era il primo della settimana, mentre le porte del luogo in cui si trovavano i discepoli
erano chiuse per timore dei Giudei, Gesù venne e si presentò
in mezzo a loro, e disse: «Pace a voi!» 20 E detto questo mostrò
loro le mani e il costato. I discepoli dunque, veduto il Signore,

si rallegrarono. 21 Allora Gesù disse loro di nuovo: «Pace a voi!
Come il Padre mi ha mandato, anch'io mando voi». 22 Detto
questo, soffiò su di loro e disse: «Ricevete lo Spirito Santo. 23 A
chi perdonerete i peccati, saranno perdonati; a chi li riterrete,
saranno ritenuti».

Gesù appare ai discepoli, tra i quali è Tommaso

24 Ora Tommaso, detto Didimo, uno dei dodici, non era con
loro quando venne Gesù. 25 Gli altri discepoli dunque gli dis-
sero: «Abbiamo visto il Signore!» Ma egli disse loro: «Se non
vedo nelle sue mani il segno dei chiodi e se non metto il mio
dito nel segno dei chiodi, e se non metto la mia mano nel suo
costato, io non crederò».
26 Otto giorni dopo i suoi
discepoli erano di nuovo
in casa, e Tommaso era con
loro. Gesù venne a porte
chiuse, e si presentò in mez-
zo a loro e disse: «Pace a
voi!» 27 Poi disse a Tommaso:
«Porgi qua il dito e guarda
le mie mani; porgi la mano e
mettila nel mio costato; e non
essere incredulo, ma creden-
te». 28 Tommaso gli rispose:
«Signore mio e Dio mio!»
29 Gesù gli disse: «Perché mi hai visto, tu hai creduto; beati
quelli che non hanno visto e hanno creduto!»

io ti ascolto

No, non vedermi come il padrone assoluto dell'universo, come un capo di Stato, un tiranno, il Creatore lontano che guarda giù sulla terra in modo distratto e giudicante. O chissà cos'altro.
Io sono il tuo Creatore e voglio che tu possa trarre il meglio dalla tua esistenza. Non solo. A me piace ascoltarti, sentirti raccontare le tue emozioni e scoprire direttamente da te tutto quello che tu hai scoperto di me.
Allora vieni, non vedo l'ora di sentirti.

Lo scopo del Vangelo secondo Giovanni

30 Ora Gesù fece in presenza dei suoi discepoli molti altri segni
miracolosi, che non sono scritti in questo libro; 31 ma questi
sono stati scritti affinché crediate che Gesù è il Cristo, il Figlio
di Dio, e affinché, credendo, abbiate vita nel suo nome.

Gesù appare in riva al mare di Galilea

21 Dopo queste cose, Gesù si manifestò di nuovo ai discepoli presso il mare di Tiberiade; e si manifestò in questa
maniera.
2 Simon Pietro, Tommaso detto Didimo, Natanaele di Cana di
Galilea, i figli di Zebedeo e due altri dei suoi discepoli erano
insieme. 3 Simon Pietro disse loro: «Vado a pescare». Essi gli
dissero: «Veniamo anche noi con te». Uscirono e salirono sulla
barca; e quella notte non presero nulla. 4 Quando già era mat-
tina, Gesù si presentò sulla riva; i discepoli però non sapevano
che fosse Gesù. 5 Allora Gesù disse loro: «Figlioli, avete del
pesce?» Gli risposero: «No». 6 Ed egli disse loro: «Gettate la
rete dal lato destro della barca e ne troverete». Essi dunque la
gettarono, e non potevano più tirarla su per il gran numero di
pesci. 7 Allora il discepolo che Gesù amava disse a Pietro: «È il
Signore!» Simon Pietro, udito che era il Signore, si cinse la ve-
ste, perché era nudo, e si gettò in mare. 8 Ma gli altri discepoli
vennero con la barca, perché non erano molto distanti da terra
(circa duecento cubiti[a]), trascinando la rete con i pesci.
9 Appena scesero a terra, videro là della brace e del pesce mes-
sovi su, e del pane. 10 Gesù disse loro: «Portate qua dei pesci
che avete preso ora». 11 Simon Pietro allora salì sulla barca e
tirò a terra la rete piena di centocinquantatré grossi pesci; e,
benché ce ne fossero tanti, la rete non si strappò. 12 Gesù disse
loro: «Venite a fare colazione». E nessuno dei discepoli osava
chiedergli: «Chi sei?» Sapendo che era il Signore. 13 Gesù ven-
ne, prese il pane e lo diede loro; e così anche il pesce.
14 Questa era già la terza volta che Gesù si manifestava ai discepoli, dopo essere risuscitato dai morti.

Gesù e Pietro

15 Quando ebbero fatto colazione, Gesù disse a Simon Pietro: «Simone di Giovanni, mi ami più di questi?» Egli rispose: «Sì,

a *Duecento cubiti,* circa cento metri.

Signore, tu sai che ti voglio bene». Gesù gli disse: «Pasci i miei
agnelli». 16 Gli disse di nuovo, una seconda volta: «Simone di
Giovanni, mi ami?» Egli rispose: «Sì, Signore; tu sai che ti vo-
glio bene». Gesù gli disse: «Pastura le mie pecore». 17 Gli disse
la terza volta: «Simone di Giovanni, mi vuoi bene?» Pietro fu
rattristato che egli avesse detto la terza volta: «Mi vuoi bene?»
E gli rispose: «Signore, tu sai ogni cosa; tu conosci che ti voglio
bene». Gesù gli disse: «Pasci le mie pecore. 18 In verità, in veri-
tà ti dico che quando eri più giovane ti cingevi da solo e andavi
dove volevi; ma quando sarai vecchio, stenderai le tue mani e
un altro ti cingerà e ti condurrà dove non vorresti». 19 Disse
questo per indicare con quale morte avrebbe glorificato Dio.
Detto questo, gli disse: «Seguimi».

Il discepolo che Gesù amava

20 Pietro, voltatosi, vide venirgli dietro il discepolo che Gesù
amava; quello stesso che durante la cena stava inclinato sul
petto di Gesù e aveva detto: «Signore, chi è che ti tradisce?»
21 Pietro dunque, vedutolo, disse a Gesù: «Signore, e lui?»
22 Gesù gli rispose: «Se voglio che rimanga finché io venga, che
t'importa? Tu, seguimi». 23 Per questo motivo si sparse tra i fra-
telli[a] la voce che quel discepolo non sarebbe morto; Gesù però
non gli aveva detto che non sarebbe morto, ma: «Se voglio che
rimanga finché io venga, che t'importa?»
24 Questo è il discepolo che rende testimonianza di queste cose
e che ha scritto queste cose; e noi sappiamo che la sua testimo-
nianza è vera.
25 Ora vi sono ancora molte altre cose che Gesù ha fatte; se si
scrivessero a una a una, penso che il mondo stesso non potreb-
be contenere i libri che se ne scriverebbero.

a *I fratelli,* cioè i cristiani.

Sette passi per conoscere Dio

»Primo passo
Riconosci che Dio ti ama.

"Perché Dio ha tanto amato il mondo, che ha dato il suo unigenito Figlio, affinché chiunque crede in lui non perisca, ma abbia vita eterna" (Giovanni 3:16).
"Questa è la vita eterna: che conoscano te, il solo vero Dio, e colui che tu hai mandato, Gesù Cristo" (Giovanni 17:3).
"Come il Padre mi ha amato, così anch'io ho amato voi; dimorate nel mio amore" (Giovanni 15:9).

»Secondo passo
Riconosci di avere bisogno del suo aiuto.

"Il giudizio è questo: la luce è venuta nel mondo, e gli uomini hanno amato le tenebre più della luce, perché le loro opere erano malvagie" (Giovanni 3:19).
"Perciò vi ho detto che morirete nei vostri peccati; perché se non credete che io sono, morirete nei vostri peccati" (Giovanni 8:24).
"Chi crede in lui non è giudicato; chi non crede è già giudicato, perché non ha creduto nel nome dell'unigenito Figlio di Dio" (Giovanni 3:18).

»Terzo passo
Riconosci che Gesù è l'unico Salvatore.

"Ecco l'Agnello di Dio, che toglie il peccato del mondo!" (Giovanni 1:29).
"Io sono la via, la verità e la vita; nessuno viene al Padre se non per mezzo di me" (Giovanni 14:6).
"Chi crede nel Figlio ha vita eterna; chi invece rifiuta di crede-

re al Figlio non vedrà la vita, ma l'ira di Dio rimane su di lui" (Giovanni 3:36).

»Quarto passo
Riconosci Gesù come tuo personale Salvatore.

"...ma a tutti quelli che l'hanno ricevuto egli ha dato il diritto di diventare figli di Dio, a quelli cioè che credono nel suo nome" (Giovanni 1:12).
"...io do loro la vita eterna, e non periranno mai, e nessuno le rapirà dalla mia mano" (Giovanni 10:28).
"In verità, in verità vi dico: chi ascolta la mia parola e crede a colui che mi ha mandato ha vita eterna; e non viene in giudizio, ma è passato dalla morte alla vita" (Giovanni 5:24).

»Quinto passo
Riconosci che da questo momento Gesù è il tuo Signore e amico.

"Voi siete miei amici, se fate le cose che io vi comando" (Giovanni 15:14).
"Tommaso gli rispose: 'Signore mio e Dio mio!'" (Giovanni 20:28).
"Fino ad ora non avete chiesto nulla nel mio nome; chiedete e riceverete, affinché la vostra gioia sia completa" (Giovanni 16:24).

»Sesto passo
Adesso sei parte della famiglia di Dio.

"La sera di quello stesso giorno, che era il primo della settimana, mentre le porte del luogo in cui si trovavano i discepoli erano chiuse per timore dei Giudei, Gesù venne e si presentò in mezzo a loro, e disse: 'Pace a voi!' E detto questo mostrò

loro le mani e il costato. I discepoli dunque, veduto il Signore, si rallegrarono" (Giovanni 20:19-20).
"Io sono la vite, voi siete i tralci. Colui che dimora in me, e nel quale io dimoro, porta molto frutto; perché senza di me non potete fare nulla" (Giovanni 15:5).

Settimo passo

Dedica ogni giorno del tempo alla lettura della Bibbia e al dialogo con Dio per mezzo della preghiera, e rendi testimonianza.

"...quello che chiederete nel mio nome lo farò, affinché il Padre sia glorificato nel Figlio" (Giovanni 14:13).
"Gesù allora disse a quei Giudei che avevano creduto in lui: 'Se perseverate nella mia parola, siete veramente miei discepoli; conoscerete la verità e la verità vi farà liberi'" (Giovanni 8:31-32).
"Allora Gesù disse loro di nuovo: 'Pace a voi! Come il Padre mi ha mandato, anch'io mando voi'" (Giovanni 20:21).

Preghiera

Padre celeste, ammetto di aver vissuto la mia vita senza di te e secondo le mie regole. Riconosco di aver bisogno del tuo perdono. Credo che tuo Figlio, il Signore Gesù Cristo, è morto sulla croce per me; mi pento dei miei peccati e desidero abbandonarli. Ti prego, togli tutto quello che mi separa da te. Con fede, invito adesso il Signore Gesù a entrare nel mio cuore e nella mia vita come mio Salvatore. Per mezzo della tua grazia, ho deciso di seguirlo con amore e ubbidienza.
Amen.

Per informazioni:
La Casa della Bibbia – Via Massari 189/A – 10148 Torino
info@bible.it – www.ioti.it

www.conoscereDio.com
www.bible.it
www.bibbia.it
www.radiorisposta.org
www.europe.sgmlifewords.com/it
www.laparola.net
www.evantv.net
www.atelascelta.it

Finito di stampare nel mese di febbraio 2011 presso
Revival Movement Association – Northern Ireland, UK